上海市静安区中小学图书馆工作委员会 编

百舸争流 奋楫者先

——2014—2017静安区中小学图书馆工作论文集

上海教育出版社
SHANGHAI EDUCATIONAL
PUBLISHING HOUSE

序

在今年的 4.23 世界读书日当天，静安区图工委作为上海市唯一的受邀区县在上海市教育学会组织的"新时代背景下的阅读与教育"活动会上分享静安区中小学图书馆工作的经验与成果，受到了来自全国各地的领导、专家高度关注与认可。

静安区中小学图书馆在 2016 年完成合并后，共有中小学校图书馆 102 个，图书馆馆员 145 名，图书资源 3 687 822 册。面对庞大而丰富的图书馆资源，如何充分挖掘，更大地发挥中小学图书馆的作用；如何充分调动图书馆专业人员的积极性，更好地满足教育教学多样化和个性化的信息需求；如何巩固和发展原两区的发展成果，实现跨越式发展；如何与正在迅速成长与发展的静安教育保持同步，成为静安区中小学图书馆工作者思考的问题。

在两年的实践与探索过程中，静安区图工委在教育部、上海市教委颁发的系列图书馆建设文件的指引下，围绕"建设现代化、管理人性化、服务沉浸化"的建设目标，以"三建"为抓手，开创静安区中小学图书馆建设的新路径：

1. 建机制。为科学规划静安区中小学图书馆的建设，加强区域学校间的协同发展，2016 年静安区中小学图书馆工作委员会得以成立，我非常高兴地担任图工委主任，并任命区教育学院王钢院长担任副主任、教育局中教科、小教科、德育科、计财科、人事科等主要行政科室科长担任委员的组织保障体系，从行政上加强静安区中小学图书馆的建设，并适时地推出了"新型学习空间建设项目"，将学校图书馆纳入了区域教育发展的整体布局之中，使学校图书馆获得了与区域教育改革同步发展的际遇。

2. 建平台。为高效、精细、精准地加强中小学图书馆的管理，静安区图工委在全市率先开发了静安区中小学图书教研网（www.jatsjy.edu.sh.cn）、静安区中小学图书馆调查平台（http：//www.jatsgdc.edu.sh.cn）、静安区中小学读书活动平台（http：//202.121.7.157），用于对外开展宣传、交流、展示；对内加强研究、管理、互动，确保区域内各中小学图书馆工作的顺利实施。

3. 建数据。为提高对全区中小学图书馆工作的精准决策,精准施策,静安区图工委利用静安区中小学图书馆调查平台对全区中小学图书馆建设的 14 个方面、220 个数据指标展开调查,其中不乏让"信息服务""资源建设"等定性指标得以量化,确保了区图工委对静安区中小学图书馆现阶段发展现状和发展水平的精确研判。

"三建"的聚焦实施为静安区中小学图书馆高起点发展夯实了基础,提供了保障,让静安区中小学图书馆工作蓬勃发展。

1. 打造图书馆新空间。学校师生对图书馆日益增长的需求,首先落实在图书馆的空间改造上。区图工委注重图书馆空间的打造,注重图书馆功能的拓展,注重师生的应用体验,紧密结合学校文化底蕴、教学特色、办学理念,精心设计每所学校图书馆的建设方案。两年来,共完成二十余所学校图书馆的空间再造工程,形成乐园型、知识型、学习型、研究型、主题型、智能型等不同风格的学校图书馆。其中,市西中学首创的新型学习空间、一师附小打造的"图书馆校园"先后被全国评为"最美校园书屋";上戏附属静安学校改造的"智丰阁"得到了市教委贾炜副主任的亲临指导;四中心小学设计的"天人"书院等学校图书馆则被成功收录在《书香满校园(第二辑)——上海市中小学、幼儿园优秀图书馆建设案例汇编》中。

2. 开辟阅读新境界。开展阅读推广始终是学校图书馆需要深耕的领域。静安区在立足区、校活动化阅读推广的基础上力争向阅读纵深发展,探索出阅读课程化、联盟化、信息化、学科化的阅读新路径,形成了以中山北路小学阅读课题为代表的阅读研究范式,有效地将阅读引入进学校发展基因中,创造性地开发阅读课程,从而使抽象的阅读获得了具象的实践载体;成功打造了静安父子阅读联盟品牌,全区有 21 所中小学图书馆参与其中。阅读联盟通过建立联盟章程、共享阅读资源、组织亲子阅读活动,较好地延伸了阅读效应;开启了基于阅读平台的阅读指导,通过对阅读对象、阅读信息、阅读行为的跟踪与分析,实现阅读指导的个性化和精准化。截止 2018 年 1 月,静安区中小学校学生通过平台阅读完成 190 141 册图书,发送评论 42 730 条,上传读书笔记 13 842 篇,参与答题数为 787 144 道,走出了一条阅读信息化的发展道路;市西小学通过"学科+阅读"不仅加深了学生对学科知识的理解和应用,而且使阅读形式、内容、手段、方法、途径更加多样化,使阅读成为学生最亮丽的底色。

3. 拓展图书馆知识教育新领域。图书馆是知识的宝藏,图书馆知识教育是交给学生开启图书馆知识宝藏的一把钥匙。静安区图工委通过整合教研室、基层学校资源开发了《漫游书海》区域共享课程,探索图书馆知识教育的普及化。在课程实施初期,由于缺乏课时、师资,静安区探索性地与探究课程相结合,在全区招募师资人员,组建教学团队实施教学。现已成功开发了《借书礼仪》《报纸的学问》《有趣的读书活动》《巧做读书卡》等十余节区域共享课程,并在此过程中,涌现出一批教学成果,如:景凤路小学沈颖老师的《报纸的学问》在全国第十五届中小学阅读指导课优秀课件评比活动中荣获一等奖;大宁国际小学沈倩仪老师的《走进图书馆———一起"理"图书》、宝山路小学杨燕琳老师的《借书礼仪》分别在上海市中小学图书馆资源利用与学生阅读素养提升教学评比活动中荣获二、三等奖。

4. 开拓队伍建设新天地。在静安区中小学图书馆建设发展中,队伍的打造亦是决定静安区中小学图书馆建设与发展水平高低的关键一招。区图工委注重分层与全员培养相协调,坚持"请进来,走出去"的培养方针,保障队伍的梯队建设。在两年的实践中,静安区图工委先后组织初职馆员、骨干馆员、学科馆员参加上海市图工委组织的各级各类培训,利用区域教研活动之际组织全体馆员开展专题讲座、学习研讨、参观考察;加强理论研究,开辟了师徒结队式的个性化的学术研究范式。通过多渠道、多层次的队伍培养方式,让全区馆员多次在全国、市级举办的各项评比活动中崭露头角。其中,风华中学付慧英馆长被评为上海市首位"图书馆榜样人物"、市北中学杜亚群馆长荣获全国十佳吟诵传习人、止园路小学徐惠勤馆长被授予上海市百名阅读推广人的称号、市西中学周瑾等馆长分别获上海市图书馆工作研究论文评比活动一、二、三等奖。更多的馆员们坚守着岗位,发挥着自身的优势,使静安区中小学图书馆工作更显精彩纷呈。

静安区中小学图书馆工作的点滴进步与发展凝聚着静安区中小学图书馆馆员的心血与智慧。在发展进程中,适时地回眸,反思发展的历程,记录发展轨迹以应对正在快速发展、迅速转型的中小学图书馆发展前景,让未来的静安区中小学图书馆发展更自信,脚步更从容,方向更明确是出版本论文集的初衷。在论文集中共收录了来自30所中小学图书馆的34篇论文,集中反映静安区在2014—2017年期间中小学图书馆建设的经验和成果,其中不乏理论创新、技术创新和实践创新。实践证明,积极进取、开拓创新不仅让静安区中小学图书馆永葆发展的活力,还让静安区中小学图书馆收获满满的自信与尊敬。静安区中小学图书馆只有在不断地实践、总结、反思这一循环往复、螺旋上升的过程中寻找创新的源泉,深度融入基础教育改革洪流,为打造与一流静安教育相匹配的现代图书馆而努力,力争在图书馆发展的滚滚浪潮中勇立潮头,尽显中小学图书馆的独特魅力与风采。

在本论文集即将付梓之际，衷心感谢吴伟民、甘民立、朱震远等老师给予本书的帮助与指导，也衷心感谢上海教育出版社刘芳副社长、宁彦锋主任、梁乐天编辑的大力支持。

刘新宇

静安区中小学图书馆工作委员会主任

静安区教育局副局长

目　录

第一篇　政　策　与　文　化

第二篇　阅　读　推　广

第三篇 图书馆建设

第四篇 读者服务

第五篇 调查与研究

第六篇　图 书 馆 教 育

第七篇　信 息 技 术

第八篇　资 源 建 设

第一篇 政策与文化

开放·多元·融合：
中小学图书馆未来发展的应然选择

——学习《关于加强新时期中小学图书馆建设与应用工作的意见》的几点思考

上海市静安区教育学院　　吴　玥

摘　要： 为深入贯彻和落实由教育部、文化部、国家新闻出版广电总局联合颁发的《关于加强新时期中小学图书馆建设与应用工作的意见》的有关精神和要求，论文试图从文件释放的新理念、落实文件需要克服的心理障碍和保障措施三个层面展开论述，以期帮助广大中小学图书馆人员在未来发展中理清思路，明确发展方向和着力点，力争将文件描述的蓝图转变成现实，推动中小学图书馆健康、持续发展。

关键词： 开放　多元　融合　中小学图书馆　图书馆建设　发展理念

一、引言

2015年5月20日，教育部网站发布了由教育部、文化部、国家新闻出版广电总局三家部门联合印发的《关于加强新时期中小学图书建设与应用工作的意见》（以下简称《意见》），这是继2003年教育部印发《中小学图书（室）规程（修订）》后，又一次统领全局，聚焦中小学图书馆深度发展的纲领性文件。《意见》在思想和内容上都超越了以往任何一个中小学图书馆文件所达到的深度与广度，必将成为中小学图书馆在新时期未来发展的总目标。

二、《意见》阐释的新理念

（一）开放，释放中小学图书馆办馆活力

中小学图书馆办馆活力主要体现在中小学图书馆的利用率上，涉及师生到馆率和文献使用率两个维度指标。长期以来，中小学图书馆受到应试教育和以馆为本的思想束缚，使图书馆固步自封，失去了原本可以在校园里成为师生知识的伙伴、精神的导师、智慧引路人的地位，师生到馆率、文献资源使用率均呈下滑趋势，使得陷入门庭冷落的僵局。中小学图书馆唯有突破传统的管理模式，以更加开放的心态，勇敢地敞开封闭已久的馆门，实施引进来和走出去的策略，方可为中小学图书馆寻找到一条新生的发展道路。

新颁发的《意见》分别从延伸空间、扩大服务半径、拓展服务功能、充实人员队伍四个方面启迪中小学图书馆在困境中焕发生机，获得进一步发展的动力与活力。如：《意见》中指出：将中小学图书馆的地理空间由馆内延伸至馆外，触及学校、教室、走廊等边角空间，使整个学校都成为图书馆可以使用的空间，实现师生时时阅读、处处阅读；扩大中小学图书馆的服务范围，由向本校师生开放扩大到向社会、社区及学生家长开放，通过扩大学校图书馆的受众来提高图书馆的利用率；壮大图书馆专业人员队伍，通过引入志愿者，本校教师及企业单位、社会团体、公民个人等各类型人群，发挥他们的聪明才智和专业特长，共同参与图书馆的建设；拓宽图书馆的服务功能，由单一的阅读功能，拓展到学术讲座、师生作品展示、开展教师交流活动及师生信息素养培养等功能，使图书馆与更多的师生建立联系，提高师生对图书馆的关注度，进而吸引更多师生走近图书馆、利用图书馆。

（二）多元，夯实中小学图书馆的办馆基础

中小学图书馆馆藏结构的优劣及馆藏资源质量的好坏直接关系到中小学师生利用图书馆的积极性，在众多中小学图书馆调研与访谈中发现，师生在学校图书馆中查找不到自己所需的图书是师生不再愿意使用图书馆的主要原因之一。构建优质而丰富的图书馆资源，改变中小学图书馆由图书馆单方决定图书馆采购的现状，建立以师生为本的资源建设体系，是中小学图书馆亟待突破的瓶颈。

《意见》分别从采购主体、采购渠道、文献载体、资源评价及资源建设格局五个方面为中小学图书馆建立起全方位、立体式的资源保障体系。在采购主体上，打破以往图书

馆一言堂的采购模式,积极吸纳师生、家长、专家学者共同参与,共同为图书馆的图书采购出谋划策;在采购渠道上,中小学图书馆除了常规的购买方式外,还应通过社会捐赠及收集校本资源等方式,以形成本校的特色馆藏;在文献载体上,形成实体与虚拟资源相互补充,多元统一的馆藏资源;在图书评价上,建立师生读书反馈和评议推荐制度,广泛收集师生对图书馆采购的意见和建议,以便随时调整采购策略,更有针对性地实施图书采购;在图书资源建设格局上,建立起省、市、县级的中小学图书馆网络体系,不仅要在纵向上实现教育系统内中小学图书馆馆藏纸质与电子资源的共建与共享,还要在横向上实现与公共图书馆、高等院校等馆际资源的对接,从而为中小学图书馆构筑起强大的资源保障体系。

(三) 融合,突显中小学图书馆的价值

中小学图书馆立身安命之本便是实现其育人价值。长期以来,中小学图书馆在以馆为本理念的指导下,始终立足于自身的建设环境中,管理模式、服务手段均落后于学校教育教学和师生的发展需求,导致其在学校中作用发挥有限而被逐步边缘化。

新颁布的《意见》为新时期中小学图书馆重新审视自身的发展环境打开了思路,启迪中小学图书馆将自身的发展融入更广阔的环境中去,通过挖掘自身的潜力和发展空间,实现与学校教育教学相融合,与图书馆行业相对接、与社会文化服务体系相贯通、与出版领域相协调的建设环境中。如《意见》明确指出中小学图书馆要围绕深化课程改革目标任务,推进图书馆与学科教学有效结合,深度融合,将图书馆资源纳入教学资源中;基本形成中小学图书馆与公共图书馆、高等学校图书馆馆藏资源共享格局,带动全民阅读,助推公共文化服务体系、学习型社会和书香社会建设;加强中小学图书馆适应相关出版领域的行业标准和业务规范的执行工作,不断推进图书馆建设管理制度化、规范化和专业化,让中小学图书馆在未来的发展中拥有更广阔的发展领域和空间。

三、落实《意见》需要克服的几种心理

(一) 守旧心理

长期以来,中小学图书馆留给师生的印象就是死板、保守,图书馆人员安于现状,工作方法、管理模式、服务内容长年累月保持不变,而"以馆为本""被动等待""功能单一"的服务理念让中小学图书馆与学校师生的需求、期盼渐行渐远。

《意见》阐释的开放、多元、融合的理念是对中小学图书馆原先僵化的管理体制和服务模式的一次强有力的突破,使中小学图书馆管理人员原有的工作状态、工作模式、工作方法正面临着崩溃与瓦解,让原本习惯于按部就班的图书管理人员失去了旧有的工作环境并与长期形成的守旧心理形成了强烈的冲突,给中小学图书馆人员心理产生了巨大的压力。笔者认为,中小学图书馆人员应坦然直面《意见》,加强中小学图书馆专业理论修养,学习借鉴兄弟学校、同行图书馆的经验与成果,结合自身实际,积极整合和利用与自身发展相关的资源与技术,按照《意见》指引的路线与方向,化繁为简,由浅入深,由易到难,逐渐改变中小学图书馆一成不变的工作作风,使中小学图书馆人员的守旧心理随着中小学图书馆发展所呈现出的新面貌、新形象得以舒展,负面情绪得以缓解,推动中小学图书馆迈上奋进的轨道。

（二）畏缩心理

害怕困难、害怕失败、害怕承担风险与责任是实施《意见》常见的心理阻碍,也是当下中小学图书馆人员在守旧之外,影响中小学图书馆发展第二大心理因素。畏缩心理让中小学图书馆人员失去了前进的动力,失去了挑战自我的勇气与毅力,失去了原本可与中小学教育发展随影同行的机遇。

《意见》提出的开放、多元、融合的理念为中小学图书馆今后的发展开启了许多先前尚未涉足的领域与项目,如网络图书馆建设、与其他类型图书馆开展协作建设、为学科服务等都有待于中小学图书管理人员积极地探索与尝试,并在探索实践过程中正确认识可能遇到的困难与风险,化解各种矛盾与冲突,以积极进取的姿态贯彻和落实《意见》的精神和要求。

中小学校也需要向本校图书馆改革提供必要的帮助与支持,给予宽松、包容的改革氛围,使中小学校成为本校图书馆改革的实验场所,允许试错,包容失败,从而让中小学图书馆管理人员放下思想包袱,减少畏缩心理,进而在工作中敢于大胆提出自己的设想,勇于实践,促使《意见》提出各项精神和要求逐步落地、生根,成为现实。

（三）事不关己,高高挂起心理

中小学图书馆赖以生存的母体环境是基础教育,这也决定了中小学图书馆的发展要紧紧围绕与贴合中小学基础教育的发展。然而,现实中的中小学图书馆建设中普遍存在"两耳不闻窗外事,一心只读圣贤书"的倾向,图书馆人员一心专注于馆内建设,全然不顾教育环境的变化,致使中小学图书馆的发展偏离了学校教育教学发展的轨道。

新出台的《意见》明确规定了中小学校图书馆在学校内发展的价值取向,"使图书馆与教育教学全面深度融合,成为学校信息资源高地和师生智慧中心、成长中心、活动中心"。这就要求中小学图书馆要在未来的发展中全面融入教育教学环境中,浸润于师生的需求之中,嵌入课堂教学主阵地之中,发挥中小学图书馆的资源、人力与专业优势,开展个性化、深层次的信息服务,使中小学图书馆在学校中逐渐由被动走向主动、由幕后走向前台、由边缘走向中心。

中小学图书馆在开展工作中,不仅要关注本馆的建设,还要关注与中小学图书馆相关领域的发展,还要关注学校的中心工作、重大活动、教学改革、科研需求等,以主人翁的姿态深入学校的各个领域中,使中小学图书馆的工作重心由馆内向馆外拓宽,由注重资源收藏向资源利用转移,由注重管理向注重服务转移。

四、落实《意见》需要的保障措施

人、财、物是中小学图书馆建设的基础保障,也是中小学图书馆再发展的关键要素,落实与《意见》相配套的人、财、物,有助于提高中小学图书馆贯彻与推进《意见》目标的达成,提升各项改革举措落实的质量。

(一) 人,中小学图书馆建设的主体

任何改革都离不开人的关键因素。新颁布的《意见》促使中小学图书馆从内涵发展和跨界发展两个维度上进行深入探索,无疑对中小学图书馆人员队伍的构成和素养提出了较高的要求。中小学图书馆人员队伍构成不能局限于馆内人员,不能局限于自身的专业知识,不能围困于低学历,低职称的水平线上,而应积极构建人才梯队,各施其长,各展其职。

1. 馆长

馆长,是落实《意见》的主要责任人,承担着学校图书馆工作的策划、协调、组织之责,需要具备纵观全局,注重统筹与整合学校的各方资源、善于发挥图书馆优势的能力。在中小学校中,馆长最理想的人选是由校长担当,站在学校的高度,在学校中践行书香校园,同时也为中小学图书馆助推学习型社会和书香社会建设创造条件,提供保障。

2. 馆员

馆员,是落实《意见》的骨干力量,承担着为师生提供信息资源和信息服务之职。可以通过建立资格准入制,提升入职门槛;设立中小学图书资料系列职称,给予在岗人员应有的专业地位和相应的待遇;制订专职人员配比数,保证中小学图书馆人员有充裕的时间和精力开展实践,从而使新时期赋予中小学图书馆的职责更好地得以贯彻。

3. 学科馆员

学科馆员,是实现中小学图书馆核心服务的中坚力量,承担着开展学科教学和为学科教学服务的双重工作任务。中小学校的学科馆员最合适的人选是让学科教师兼任,由图书馆和教学处加强其业务培训、实行教学管理与考核,并给予学科馆员在职务评聘、晋升等方面的优先,使学科馆员放下思想包袱,全身心地投入学科教学与服务之中,提升学科教学的质量。

4. 志愿者

志愿者,是中小学图书馆充实队伍,提升图书馆服务能力的有效路径。中小学图书馆的志愿者可由在校师生逐渐向家长、社区、社会扩展。活动的项目可从阅读做起,通过阅读项目的引领,让志愿者了解中小学图书馆,熟悉阅读活动的推广与组织形式,并充分利用师生志愿者口碑传播阅读活动的效果,扩大阅读活动的影响力,从而带动更多的志愿者参与到中小学图书馆的建设中,最终在全民阅读中发挥图书馆的独特作用。

(二) 财,中小学图书馆建设的经济基础

财,是中小学图书馆发展的根本。充足的财力投入有利于《意见》目标的达成。中小学图书馆的财源主要包括人员收入、采购经费和图书馆建设经费等。

1. 人员收入

中小学图书馆在中小学校中处于教辅地位,使得中小学图书馆管理人员在职称的评聘、绩效的考核都逊色于教师,甚至出现了等同于后勤人员待遇,严重挫伤了工作人员的积极性。新颁布的《意见》在开放、多元、融合的理念指导下,需要中小学图书馆人员付出比以往更多的时间和精力。当劳动的收入和付出的成本不对等时,将会使中小学图书馆人员放弃改革的念头。中小学人员的收入分配需打破教师和教辅人员二元体制的束缚,应按照岗位贡献的大小、付出的多寡、效益的高低来设定收入,体现多劳多得,优劳优酬,从而激励中小学图书馆人员内生动力,促使中小学图书馆向《意见》所要求的方向转型。

2. 采购经费

以上海为例,目前上海市中小学图书馆图书采购经费是依据上海市中小学生公用经费中列支的学生人均图书经费乘以在校学生数换算而成的。据统计,上海市中小学图书馆每年可支配购书经费在 10 000～60 000 元之间不等。就目前看,这笔经费能基本满足师生对纸质图书的需求,但是要建设数字图书馆,尤其是引进、开发特定阅读需求的数字资源产品,经费还捉襟见肘。因此,大幅度增加中小学图书馆可支配的数字资源采购经费,才能让中小学图书馆自主引入数字图书产品,有机会与数字资源商开发适合本校需求的数字产品,实现各类资源的有效整合,从而让中小学图书馆能更好地服务于本校师生,更好地向社区、社会开放,助推书香社会的建设。

3. 图书馆建设费

图书馆建设费主要用于中小学图书馆空间改建、设施设备的添置、软件的更新与维护。中小学图书馆由于长期缺乏建设专用经费,使中小学图书馆在空间改造、设备投入以及软件开发等方面建设缓慢。增设中小学图书馆建设专项经费,采用集约化的供给方式,由市区统筹,以项目申报的形式,加强项目实施前后的监管,最大化地发挥中小学图书馆建设经费的效益。

(三) 物,中小学图书馆建设的物质保障

物是指中小学图书馆在建设中所添置的各类设施设备。中小学图书馆在开放、多元、融合的发展理念指导下,将实现实体图书馆和虚拟图书馆并存的建设格局,不断拓展图书馆的功能,满足师生个性化、多样化和泛在化的阅读需求。

1. 实体图书馆建设

实体图书馆是中小学图书馆的主阵地。开展实体图书馆的建设首先要配足配齐书架、书橱、报架、阅览桌椅等常规物件,并在颜色、形状、高度、大小的选取上满足师生良好视觉效应和舒适的阅读需要。其次,在开放理念指导下的中小学图书馆的功能将得到拓展,中小学图书馆还需增配电子白板、投影仪、音响、电子屏等满足中小学图书馆多功能的发展需要。再次,为突显良好的文化氛围,中小学图书馆还需充分利用墙体、墙角、桌面等空间配置字画、名人名言、花草、艺术品、沙发、空调等以更好吸引师生来馆阅读。

2. 虚拟图书馆建设

虚拟图书馆能够突破时间限制,满足师生个性化的阅读需求。中小学图书馆的数

字图书馆建设首先需要建设流畅的网络环境,配置路由器、交换机等网络设施;其次,配备满足需求的电子阅览设备,如计算机、IPAD等实现在线或移动阅读;再次增设用于师生自助服务的终端,如电子触摸屏、电子书借阅机、打印机等为师生提供使用虚拟图书馆的一站式服务,满足师生多样化的需要。

五、结语

由教育部、文化部、国家新闻出版广电总局三家部门联合印发的《关于加强新时期中小学图书建设与应用工作的意见》所折射出开放、多元、融合的发展理念将使中小学图书馆由原先在馆中办馆的模式向在学校中办馆、社会中办馆的模式转型,必将对中小学图书馆原有的管理与服务模式产生深刻地影响与变化。中小学图书馆唯有正确认识自身的发展状态,正确认识自身的不足,深刻领会《意见》所蕴含的理念,用新的理念统一思想,指导行动,克服思想上、心理上的不适应期,以扎实的专业理论,宽广的视角,勇于探索的精神,把中小学图书馆建设成为与现代中小学教育相匹配、与图书馆行业相融合,实现中小学图书馆社会化转型,助推学习型社会和书香社会目标的达成。

各级政府、机关团体、学校也要在这场触及中小学图书馆深层次的转型与改革的进程中,积极地为中小学图书馆创设条件,加强顶层设计,促进相关领域的协调与沟通,切实保障中小学图书馆人、财、物的落实,加强监督检查,为新时期中小学图书馆工作再上台阶保驾护航。

(论文发表于《新世纪图书馆》2016年第6期)

参考文献:

[1]教育部 文化部 国家新闻出版广电总局.[2015-05-20]《关于加强新时期中小学图书馆建设与应用工作的意见》http://www.moe.gov.cn/srcsite/A06/moe_1793/201505/t20150520_189496.html.

[2]吴建中.《转型与超越:无所不在的图书馆[M].上海:上海大学出版社,2012:250.

[3]百度百科.http://baike.baidu.com/view/1818384.htm;http://baike.baidu.com/view/1130781.htm;http://baike.baidu.com/view/273771.htm.

[4]许思茵.国内外学科馆员制度比较研究[J].兰州教育学院学报,2014,(5).

[5]罗亚泓.国内外嵌入式图书馆服务研究及主要观点[J].图书情报工作,2014,(6).

［6］白兴勇.关于图书馆志愿者的理论分析［J］.图书馆杂志,2015,(2).

［7］张丽萍,王延萍,杨琳,王瑞.基于行业视角的图书馆志愿者行为可持续发展研究［J］.图书馆工作与研究,2014,(3).

［8］魏大威.数字图书馆推广工程"十三五"规划思考［J］.图书馆杂志,2015,(6).

［9］李金芳.美国高校图书馆嵌入式学科服务的典型案例研究［J］.图书馆杂志,2012,(11).

［10］柯平.图书馆战略管理.北京:海洋出版社 2015.

借鉴书院制度　积淀文化底蕴

——市北中学深化图书馆服务初探

上海市市北中学　杜亚群

摘　要：书院独具一格的藏书格局、以讲会制度为中心的开放式教学特色以及教学与学术研究相结合的研习特色，对当今深化图书馆服务有着诸多启迪。上海市市北中学图书馆借鉴传统书院制度，在深化中学图书馆服务方面进行了一些初步的实践探索：秉承书院"藏书为用"宗旨，注重馆藏利用；借鉴书院讲学制度，拓展文化视野；弘扬书院研习方式，开拓文化功能。

关键词：书院制度　中学图书馆　图书馆服务

书院一词古已有之。它始于唐，盛于宋，止于清末，存在了一千多年，是中国历史上比较盛行的一种特殊的教育组织方式，也是文化传播、学术酝酿及学术传承的重要手段，它不仅在我国教育史上占有重要地位，而且在图书馆史上也拥有一席之地。

作为中国古代教育制度和组织结构形成的重要组成部分，作为特有的一种教育机构、学术研究场所和知识分子的文化活动组织，书院以其独特的方式，在传承文化的过程中，发挥综合性的作用。其独具一格的藏书格局、以讲会制度为中心的开放式教学特色及教学与学术研究相结合的研习特色，对当今深入教改和深化图书馆服务仍有着诸多启迪。

市北中学是沪上百年老校，历史文化底蕴深厚。它创办于 1915 年，1954 年被确定为首批上海市重点中学，2005 年被首批命名为上海市实验性示范性高中。学校以"创造适合学生的教育"为办学理念，把引导学生"登上巨人的肩膀"作为奋斗目标，进行学生自我可持续发展教育。唐乃康先生是市北中学的创办人和首任校长，其提出"教诲学子,首在葆其天真,导之正轨,以道德为轨范,以学生为事功"的理念,在新时代创新人才的培养中,仍具有指导意义。2015 年 9 月,市北中学启动"书院计划",在多年创新素养培育实验班的基础上创办"唐乃康书院",旨在发扬市北优良教育传统,传承中国书院优秀的治学理念,以通才培养为目的,以人文修养提升、科学思维优化、审美人格养成为内容,设置"博学"课程,创设"审问"环境,培养"慎思"习惯,经历"明辨"过程,培养"笃行"品质。[1]在规划"唐乃康书院"之时,校领导也把图书馆纳入其中,意在把图书馆逐步建设成为市北中学文化与知识的交流与创造中心。

两年来,市北中学图书馆借鉴传统书院制度,在深化图书馆服务方面进行了一些初步的实践探索。

一、秉承书院"藏书为用"宗旨,注重馆藏利用

在中国古代的三类藏书系统(官藏、私藏、书院藏书和寺院藏书)中,书院在图书来源、收藏规模和特色、藏书管理体系以及服务原则等方面对现代图书馆工作产生深远影响。

宋代学者王应麟在《玉海》里曾对书院作过解释:"院者,取名于周垣也"[2],意为书院是用一圈矮墙将建筑物围起来而形成的藏书之所。"藏书是手段,读书是目的",古代书院的藏书目的是为了供人利用,它注重书的文化教育价值。清人陈之澍等撰的《仙源书院藏书目录初编》中附有《初议公集书籍章程》,对书院藏书注重利用、注重培养人才和注重发挥藏书社会教育作用,提出了精辟的见解:"要于文章经济上见出,于精神福泽上见出,于风俗人心上见出,才是藏书真实作用。非徒欲汗牛充栋,万轴琳琅,为夸多斗靡计也。"[3]

市北中学图书馆拥有纸质图书 10 万余册,电子图书 8 800 多册,期刊 240 余种(含电子期刊),这些丰富的馆藏为学生阅读与研究提供了有利的条件。

"唐乃康书院"设置"博学"课程,实现"共性课程标准化、个性课程多样化、实践课程立体化",培育学生广博深厚的课程视野。其中,每周安排 1 课时的"经典自修"必修课,让学生走进图书馆自主阅读经典,充分利用图书馆馆藏,体现"藏书为用"的宗旨。[4]

"唐乃康书院"的"望道班"为图书馆开列了数百种经济学、统计学、国学等专业研究书籍,学校社团也纷纷采购研究性学习丛书,这些图书不但充实了市北图书馆馆藏,也优化了馆藏图书的品质。

为了顺利开展研究性学习,图书馆老师为学生热情推荐配备相关参考书籍。不少

老师也前来了解图书馆藏书状况,开列研究书目,订阅资料,使图书馆图书的利用率和师生的文化底蕴都得到了提高。

二、借鉴书院讲学制度,拓展文化视野

传统书院是文化人围绕着书籍开展文化教育活动的公共场所,讲学是传统书院的重要活动内容。这是一种开放式的教学,以讲会制度为中心,重视质疑问难,讨论争辩,注重启发学生思维,培养自学能力,提高学习兴趣。

在书院的讲学者大致有三类,一是书院主持人(山长、洞主)自讲,二是延请名师学者莅院演讲,三是由高足弟子代讲。大家相互交流论辩,互相启发讨论,各人虚怀以听,"博学之、审问之、慎思之、明辨之、笃行之",促进学术交流,以期登堂入室。

"会讲"与"讲会"都是书院聚会讲学的教学形式,不同领域、不同派别的学者可以同时在书院中传经布道,宣传自己的思想和主张。所不同的是,"会讲"是不定期举行,而"讲会"则是定期举行,是一种规范化、制度化的教学组织形式。"讲会"并非灌输标准化的经典知识,而是阐发独到的个性化心得体验,而"会讲"更非鹦鹉学舌似地集体复述经典,而是学生自由讨论,各抒己见,互相切磋。书院"讲会"和"会讲"的教学方式不仅有利于师生之间教学相长,还推动了学术辩论、学术交流的发展。而如今,传统书院所实行的这种"有组织指导的自学教育方式",既不存在于学校和课堂的"范式制造教育"中,也不存在于大众传媒无组织的"群牧式教育"中,却恰恰存在于图书馆的潜心读书、阅读辅导、读书交流、专家讲座等自学教育活动中。

我校自成立"唐乃康书院"以来,图书馆就参与借鉴书院"讲会"、"会讲"制度,拓展学生视野,提升学生素养。

其一,组织"东方讲坛"。图书馆积极配合学校组织"东方讲坛"文化讲座活动,根据学生的需求及学生发展的状况,邀请各学科、各领域的专家学者开办讲座,传播文化知识,指导学生读书、治学、做人。复旦教授用一个个感人的小故事,让学生明白"天下事从我做起";交大教授系统介绍自己涉足的现代设计与制造行业,给学生打开了又一扇兴趣之门;著名探险勇士重返母校,和学生分享自己骑摩托车重走红色革命之路的传奇经历;淮海商业集团董事长以家长身份来校,讲述自己从一名售货员成长为高级管理者的励志故事;青年作家将自己与文学的故事娓娓道来……为便于学生更深入研读学习开讲专家、学者、作家的著作,图书馆还专门开辟"东方讲坛"赠阅图书专架。学生聆听高规格的专题学术讲座,阅读相关专业书籍,不仅开阔了文化视野,而且提升了思想

水平。

其二,开设"青年百家讲坛"。图书馆在教师资料室开设"青年百家讲坛",两周举办一次读书会。图书馆广发英雄帖,邀请各大高校青年"诸子百家"来校开"百家讲坛",青年才俊们纷纷欣然前来。"海归"学长讲授庄子,北大才子讲授古音学,普林斯顿博士讲授《诗经》,华师大古典文献学高才生讲授杜诗……开放式的讲学能者为师,学友之间切磋琢磨,谈笑间学生的文化底蕴得到了充实,自主学习能力得到了发展。

三、弘扬书院研习方式,开拓文化功能

比之于端坐学堂那种先生讲学生听的注入式教学,书院的研习方式显示出独特的优越性。毛泽东就对书院的形式倍加推崇。王炳照在《书院研究的回顾与展望》一文中引用过毛泽东关于书院的一些论述:"从'研究的形式'一点来讲,书院比学校实在优胜的多","一来师生的感情盛笃;二来没有教授管理,但为精神往来,自由研究;三来是课程简而研究周,可以优游暇豫,玩索有得"。[5]

随着上海市教育综合改革的持续推进,上海市高中学生的学习方式正在悄悄改变,自主投身研究性学习已成为学习新风尚。在传统书院里,实行的是"有组织指导的自学教育方式","个人钻研、相互问答、集众讲解"相结合。书院的研习方式对开展研究性学习有着不可低估的启迪作用。在推行"书院计划"的过程中,图书馆的文化教育功能也不断得到开拓。

一是辅助学生社团自主教育。鼓励社团创设社课,社团学生利用中午午休时间,在图书馆研习、备课,开讲感兴趣的内容。植根于图书馆的"水云间词社"已被打造成市北中学的一个优秀的文化活动品牌,其实践案例被列入全国中小学生"社会主义核心价值观"优秀案例榜单。随着"书院计划"的不断推进,又涌现出了诗乐社、诵讲写作社等学生社团。图书馆成为学生社团自主教育的重要场所。"水云间词社"社员到图书馆查阅资料,自编研习教材,自学格律知识;《论语》品读研习社"在图书馆研读《论语》,感受内化自强不息的士大夫精神;"汉字研究社"在图书馆集体学习汉字、追寻汉文化之美;"天下事研究社"在图书馆浏览时政资料,纵论天下事;"宪法研习社"在图书馆辨析《宪法》精义;"汉服社"社员在图书馆学习古代传统服饰制作方法;"我爱数学社"社员花费大量时间泡图书馆、读课外书,齐心攻破一个个数学难题;TI数学社社员利用图书馆电脑绘制精美的数学曲线图形……学生社团活动在图书馆开展得如火如荼,使图书馆焕发出新的活力,同时也形成了良好的研习风气。

　　二是协助学生社团创编社刊。学生文学社团在图书馆的协助下,从策划、组稿、采编,到排版、改样、发行,创办属于自己的文学刊物,凝结了学生自主探索的点滴心血,也承载起了他们孜孜以求的文学梦想。校报《溯光》、文学杂志《芳草地》、诗刊《且来浅唱》、小说杂志《北溪》、词刊《短长亭》、汉字研究集《甘棠》等十余种刊物纷纷出炉。就连数学、物理社团的同学,也纷纷来期刊阅览室借鉴杂志编排方法,做出了《简单》、《物理之美》等理科类杂志,受到师生的一致好评。

　　如今,我校每位学生都拥有自己的研究课题。学生根据所确立的选题,自由选择导师,图书馆老师也受邀参与指导课题,教学相长在校园蔚然成风。

　　可以说,传统的书院制度在历史与现实的交融中,在市北中学的校园中,在图书馆的深化服务中正焕发出其新的生命力。

参考文献

[1][4] 市北中学"唐乃康书院"课程设计方案与教学要求[EB/OL].http://www.shibei.edu.sh.cn/.

[2] (宋) 王应麟.玉海[M]南京:江苏古籍出版社;上海:上海书店,1987.

[3] 肖东发,钟洪,王波.中国古代书院藏书概论[J].图书馆,2001(1).

[5] 朱汉民.中国书院(第一辑)[M].长沙:湖南教育出版社,1997.

书香校园建设的研究与实践

——基于学校定位与多元化背景的教育需求

上海市大宁国际小学　盛孝萍　陆　琴

摘　要： 本文通过图书馆在建设过程中，注重以趣味性吸引学生走进图书馆、以互动性增强学生的阅读体验、以自主性培养学生的自主管理，得出图书馆切实可行的书香校园建设策略。

关键词： 学校定位　图书馆　主题式　校园文化

上海市大宁国际小学创建于 2007 年，在八年的建校历程中，学校始终秉承"大宁国际，微笑每一天"的办学理念，以"国际化""艺术化""个性化"为办学特质，力求打造一所"轻负担、高效能、融合多种教育资源优势，突显国际元素的现代学校"，使每一位学生都能成为身心健康、富有爱心、勤学好问、负责任，具有国际视野和民族精神的现代小公民。

基于学校定位与多元化背景的教育需求，学校倡导"学生生活的一切皆课程"的理念，在环境创设、课程创新、师资发展、校园活动、家校联动等领域做了积极的探索与实践，为学生个性发展与多元发展创设良好的教育环境。学校有独立的图书馆——"森林书屋"，其建设与推进工作正是在学校微笑理念引领与指导下，从学生个性发展与教学规律出发，加以个性化设计与实施的。整座图书馆以"森林书屋"为主题，为学生打造一个生态、和谐、愉悦、舒心的阅读天堂。

图书馆在建设过程中，注重以趣味性吸引学生走进图书馆、以互动性增强学生的阅读体验、以自主性培养学生的自主管理，使图书馆成了学校人气最旺的公共场所。

一、优化图书馆环境,营造书香氛围

(一)高标准建设多功能森林书屋

学校非常重视图书馆建设,建成近四百平方米,设施一流的主题式多功能森林书屋,每年保证图书经费的落实,图书室实施计算机管理,各种陈列设施、办公设施、保护设施、照明设施等配备到位。踏进图书馆,便是一排玻璃长廊,寓意着书的阶梯,欢迎渴求知识的孩子们走进知识的殿堂。书屋中的书籍被整整齐齐地摆放在书架、台阶、窗台上,人均超 35 册的藏书量,各类报刊种类 160 余种,工具书、教学参考书更是种类琳琅满目,多达 230 多种,学生可以随手拿一本书,随处找到舒适的座位坐下来阅读,享受一份宁静与乐趣。

(二)主题式图书馆巧夺学生的眼球

学校图书馆以森林为主题,来体现图书馆的绿色风格与特定的文化氛围,让学生走进图书馆即可获得欢乐和刺激的感受,并获得富有个性的文化熏陶。

(三)游乐设施关注学生年龄特点

小学生具有注意力集中时段相对短暂的特点,学校图书馆根据学生的年龄特点,增设模拟游乐园的趣味设施。这些趣味设施并不是用来嬉戏玩耍的,而是让孩子在阅读间隙,能够调整一下阅读姿势、转移一下阅读空间,或者伸展一下筋骨,这些小设计不仅能保持图书馆安静阅读的氛围,而且更加体现了对小学生人文关怀。

(四)绿色景观愉悦孩子的身心

馆内用真树皮包裹承重梁,既化解了承重梁遮挡视线的尴尬,又契合了"森林"这一主题:绿树成荫是森林的本色,小桥流水是生命的源泉。它孕育世上万事万物,滋润哺育,丰富了人们的文化。所谓"智者乐水""上善若水"均体现了中国的传统文化。我们用"问渠那得清如许,为有源头活水来"来比喻读书越多,道理越明。再加上室内与室外的相衬相映,学生好像投入了大自然的怀抱,使人与自然和谐统一。

(五)多功能区域满足学生的需求

图书馆的区域划分要满足读者的服务功能,我们图书馆分设静阅区、小声讨论区、表演区、借阅区、藏书区……比如当学生需要进行阅读表演的时候,我们就把静阅区的桌椅相对集中,腾出地方,铺上活动的舞台,这就成了宽敞的表演区了。又比如,正对着该区域的地方有一台触摸式显示器,学生或傍桌而坐或席地而坐,聆听阅读指导或微型报告。再者,我们图书馆已达成 wifi 覆盖,我们的电子阅览也是可移动的,我们在信息部门的支持下,建立图书馆网页并引进了 ipad 阅览,其不仅拓展了电子阅览的空间,还丰富了电子阅览的内容,可谓一举多得。

(六) 分享好书,设立"图书漂流站"

学校中原本冷清的走廊转角,现在已被我们的"图书漂流站"占据。为了使学生一到校园,就能走进图书馆,我们把图书馆延伸到教室门口,每个班级承包一个书架,把自己的好书与其他同学分享。这样,学生在课间、在零星的时间段也能读到丰富的书籍。当然,"图书漂流站"即便是供学生随意阅读,但也有两个规矩:不可将书带回家;书从哪儿拿的放回哪儿去。

二、多元活动,营造书香校园

(一) 学科联动,开展阅读小活动

我校积极开展阅读活动与学科联动,比如我们与信息学科联动制作了成语故事电脑小报,与美术学科联动创作了古诗配画、个性书签,与音乐学科联动进行了古诗词吟诵,与体育学科联动推广了有关足球运动的书籍阅读,还有与数学学科联动进行了讲数学故事的比赛,与语文学科联动开展了经典导读、阅读指导,为教育教学科研收集、整理、编辑资料……这些看似是图书馆的工作,却使所有学科老师达成了共识:阅读,这朵芬芳之花已经开在了全校师生的心里,形成了分享阅读、浓浓书香的氛围。刘芸洁、陈知非、郑斯悦等同学获得闸北区中小学生创意作文大赛二等奖。陈峥、刘芸洁、裘大觉等获上海市第七届中小学生古诗词创作大赛市、区一等奖及三等奖。去年上半年,我们创作表演的诗朗诵《未来畅想曲》获得闸北区艺术节诗歌朗诵比赛二等奖。

(二) 阅读分享,产生阅读共鸣

学生把自己在阅读过程中读到的内容和感受与其他同学进行分享,从而建立同伴间因阅读而形成的共同话题,这种做法可以提高他们的阅读兴趣,促进学生深入阅读。当然,分享的方式多种多样,有阅读分享卡、共读一本书、甚至有亲子阅读小人书等。

2014 年古诗吟诵《学子吟》演绎大宁学子热爱古诗词,接受传统文化熏陶的过程,参与的节目获得了市级古诗词展演比赛的三等奖。

(三) 阅读存折,诞生阅读小富翁

学校拟定了各个年级的必读书目和选读书目,学生每个学期必须完成必读书目的阅读,并将阅读书目一一记录下来,由此评选出班级、年级、校级的"阅读小富翁"。通过这样的积累,让学生有成就感,激励他们以更大的热情投入阅读中去。特别值得一提的是字数统计一栏,经初步统计,我们发现一至五年级生均年阅读量分别达 5 万字,40 万字,300 万字,400 万字,500 万字。随着年级的升高,学生的阅读量在迅猛提升。

(四) 启用管理员,体现自主性

经过筛选和培训的校级图书小管理员每天中午均会来到图书馆,有的负责书籍的借还,有的维持秩序,有的整理书籍,还有的帮助学生找到心仪的书籍。这不仅锻炼了他们的综合素质,还使得更多的学生了解图书馆、利用图书馆、热爱图书馆。这些活跃于各班的图书管理员还是联系小读者与老师之间的纽带,通过他们的反馈,使老师掌握了学生的阅读倾向等信息,为图书馆工作提供了最准确的依据。

三、结语

创建书香校园是一个长期的过程,在这个过程中会遇到种种困难,但我们终会一一克服,其中收获的快乐,我们会一起分享。

让中学图书馆成为校园文化的主阵地

上海市风华中学　陈　静

摘　要：校园文化是支持中学教学得以长久发展的重要环节，而作为学校中文化氛围最为浓郁之处，通过图书馆发展校园文化十分必要。文章主要以中学图书馆为前提，分析了如何让其成为校园文化主阵地的措施，对于中学校园文化氛围的建立具有重要作用。

关键词：中学　图书馆　校园文化　价值取向

校园文化是学校的核心，是体现学校教师与学生价值取向、思维方式和作风的关键，也是学校开展教育的灵魂。有一个好的校园文化，对于教学的顺利进行也是有所助益的。现阶段，中学图书馆主要是发展校园文化之处，但是这一阶段的图书馆自身所具备的优势与作用却很少发挥，更不用提校园文化建设[1]。为了强化中学图书馆建设，将其作为校园文化的主阵地，是现如今中学文化建设中最为根本的一项任务。基于此，文章重点对校园文化与图书馆这两者进行了分析。

一、校园文化与中学图书馆

（一）校园文化概念

校园文化这一概念最早提出于 1932 年，并将其定义为学校内通过某种助力所形成的文化氛围。随着教学改革的推进，校园文化重新被提出，按照有关部门文件要求，校园文化作为学校开展教育中最为核心的构成部分，是学校发挥育人作用中最为重要的环节。建设一个好的校园文化，有利于推进学生德智体的全面发展。

校园文化主要涵盖以下内容：1. 学校教育必须具备好的设备与环境等，这也是校园文化建设的核心。2. 教师与学生的思想观念、价值观念、精神心理素质以及审美等，这一部分内容是建设校园文化的灵魂所在。3. 学校教育管理相关制度，这一部分是校园文化得以有效建设的保障。

（二）中学图书馆影响校园文化

1. 教育作用。学校中的图书馆主要是为了适应教育大纲，为学生提供各方面知识的场所。学生通过资料与文献的查询，能够培养正确利用图书馆的习惯。由此可见，图书馆具有教育功能，中学图书馆除了是学校窗口之外，也是学校开展教育、体现其教育水平的重要标志，更是推进教育改革、建设校园文化中必不可少的因素。

2. 导向作用。学校作为教育系统，其本身具有开放性的特点，不同的思想与理论都会在学校中存在，但是中学阶段是学生形成世界观与人生观的重要阶段，因此图书馆对于校园文化建设而言，便体现了价值导向作用。图书馆内部环境、制度以及相关读书活动等，都能够在潜移默化下为学生提供教育与引导，这一种引导作用支持着学生自我管理能力的提升。

3. 约束作用。图书馆制定有关制度，约束读者的行为，以此也对校园文化长久发展提供了保障。然而图书馆并不只能凭借制度对读者进行约束，更为重要的是要利用图书馆创造的精神氛围与文化载体对学生的情绪进行感化[2]。通过这种约束，能够使学生养成自我约束的习惯，并且纠正自身错误行为。

二、中学图书馆成为校园文化的主阵地措施

（一）优化校园环境

校园环境是开展教育的一项主要前提，校园环境能够在潜移默化中对教师、学生进行感染与熏陶，重点内化师生的信念及情感。图书馆的环境文化主要包含了外部的景观、内部氛围两个方面。其中，对于外部景观而言，需要有与文化氛围相符的建筑装饰作为映衬，例如花草、树木等；而内部环境则要有舒适的借阅空间，资料齐全的书刊文献以及浓厚的学习气氛，为了起到鼓舞师生的作用，也可以在图书馆的墙壁上放置名人肖像与名言警句，以此激发学生的学习积极性[3]。当师生进入图书馆之后，会自然形成一种文化交流的氛围，大家的思想在无形中相互影响。由此可见，建设一个好的图书馆环境，不仅能够引导学生激发学习兴趣，在知识层面上获得满足，同时也能陶冶其心灵，使其在精神层面也能够获得满足。

（二）结合信息技术

图书馆之所以能够发挥其职能，主要是因为其藏书架构，图书馆馆藏资源是其中最为主要的组成因素，同时也是图书馆得以发展和存在的物质性前提。图书馆藏书本身是能够发展的文献资源机制，在知识量与文献量逐渐增长的影响下，藏书必须要更新与发展，才能体现活力。图书馆信息环境在持续搜集、补充、更新、开发与利用的过程中，也将其转化为全新的文献资源，以此构成具有长久性的信息资源体系。这一体系可以使学生通过阅读增加自身涵养、培养创造性，并主动参与到校园文化建设中。

为了对图书馆的藏书结构进行优化，可以建立一个系统性的藏书建设方案，制定与中学图书馆发展需求相符的藏书体系方向。例如，图书馆要与学校教学课程相结合，按照教学需求为其提供参考资料，以此扩展学生的知识面。另外，结合中学阶段图书馆读者特点的不同，按照计划要求搜集各种文献资料与信息载体，充实图书馆藏书结构。

（三）开展多样化活动

1. 图书馆导读

在校园文化建设工作进行的过程中，图书馆的阅读导控是其中最为重要的一种作用形式。图书馆不仅要对出版物进行报道，也要为学生的阅读行为发挥作用，加强学生阅读指导水平。为了做好这一工作，图书馆需要充分发挥自身功能。例如，某中学为了建设校园文化，在图书馆中设置本周推荐，为师生推荐一些有益阅读的好书，提高图书馆在师生方面的吸引力。除此之外，该学校也突破了传统的文字宣传模式，通过摄影、实物以及视频等宣传方式对图书馆进行了宣传，并且运用新书报道的方式拓展宣传渠道[4]。当然，除了这几种形式以外，也可以在学校中召开读书座谈会，并组织书展有关活动，聘请专业教师开设辅导讲座，以此加强宣传。与此同时，学校也可以设计具有引导性的宣传读书的口号，例如："书香润心灵，阅读伴成长"等，针对性地为师生推荐有益阅读的好书。

2. 校园读书活动

为了有效建设校园文化，图书馆可以不定期召开校园读书活动，为教师与学生提供多样化的教育名著，以此提高自身的理论素养；对于学生而言，可以引导学生阅读有益书籍，养成读书的好习惯，通过新颖、多样化的读书活动调动学生的读书积极性，以此实现学生知识与思维的拓展。利用不同形式的读书活动，除了为学生提供德、智、美教育之外，也能够有效激发学生读书、学习兴趣，使阅读有目的和方向。例如，学校可以开展阅读朗诵以及征文活动,结合一些大事件,例如世界读书日,青年节、国庆节等,明确活动主题,使学生能够在广泛阅读的前提下,自主选择精彩的片段进行朗诵,或是按照主题要求书写征文,在活动中提升自己的文学以及朗诵水平。

另外,通过中学图书馆建设校园文化,也可以对读书成果进行展示,相互分享读书经验,在学校中营造读书的气氛。例如可以开展剪报活动。首先确定剪报活动主题,让学生充当编辑的角色,根据主题要求搜集资料,将其整理成剪报。通过剪报活动,可以发散学生想象力与智慧,对其阅读与动手能力进行了提升。利用多样化的渠道,将阅读内容进行丰富,组织学生评价阅读书籍,这样一来,可以有效发散学生思维,使其能够收获最佳学习效果。

三、结束语

综上所述,校园文化对于教育教学的开展而言十分重要,通过图书馆建设校园文化,是其中最为有效的途径。作为教学人员,需要充分发挥图书馆的教育优势,引导学生参与到读书活动中,在积累知识的基础上养成良好的阅读习惯,使中学图书馆成为校园文化的主阵地。

参考文献

[1]沈春风.议高校图书馆之于校园文化建设的作用[J].现代交际,2016,01:195—196.

[2]刘春芳.中学图书馆管理和应用初探[J].科技视界,2015,15:205.

[3]姚立平.高校图书馆推动校园文化建设的对策[J].科技传播,2015,10:131—132.

[4]吕光.论高校图书馆网络文化的建设[J].黑龙江教育学院学报,2014,05:193—194.

第二篇　阅读推广

全民阅读视阈下的中小学阅读推广研究

上海市静安区教育学院　　吴　玥

摘　要：本文在分析中小学阅读推广现状及存在问题的基础上，重点探讨了以环境为依托营造浓郁阅读氛围、以课堂为载体打造阅读课程体系、以活动为抓手丰富阅读的内涵和外延、以家庭为单位筑守阅读成果、以信息技术为手段增强阅读效果、以评价为引擎建立阅读生态圈，以及以合作为基础共筑阅读同心圆等中小学阅读推广的主要途径，以期为中小学阅读推广提供参考，推动中小学阅读推广的持续发展。

关键词：全民阅读　中小学　阅读推广

一、引言

2014 年，李克强总理首次在全国两会上将全民阅读上升为国家战略并引入政府工作报告，引起了全国各地的强烈反响。各种推动阅读活动的文化组织、商业机构、民间团体等如雨后春笋般地发展起来；各大传统书店纷纷改头换面努力打造阅读新空间；公众媒体更是适时地推出了《朗读者》《见字如面》《中国诗词大会》等优秀的阅读品牌节目。阅读已成为全社会广泛关注的焦点。江苏、湖北、深圳等先后出台了全民阅读地方性的法规，从政府层面确立了阅读推广的合法地位。国家新闻出版总局也在 2017 年起草了首份国家宏观层面的《全民阅读"十三五"时期发展规划》和《全民阅读促进条例》，并通过互联网广泛征求意见。全民阅读推广的对象包括嗷嗷待哺的婴儿，也包括耄耋的老人。幼儿是生命的初期，通过阅读促进幼儿各功能器官发育；少年是人生的基奠期，通过阅读培养阅读兴趣，养成阅读习惯，掌握阅读方法，形成阅读风格和品味；壮年是人生的奋斗期，通过阅读增长学识,提高才干;老年是人生的夕阳期,通过阅读怡养性情,充实生活。综上不难发现,少年期是培养阅读兴趣和阅读习惯的黄金期,这个时期的学生正处于九年义务教育的学习期,求知欲望强烈,身心发展迅速,这一时期也是学生人格形成、道德树立的关键期。因此,适时地面向中小学生开展阅读推广将有助于激发他们的阅读兴趣、帮助他们养成良好的阅读习惯,掌握阅读方法,形成阅读风格和品位,为其终生发展厚植基础。

中小学阅读推广是指九年义务教育阶段的学校根据该年龄段学生的身心特点和阅读发展规律,充分利用学校的文化、人力、设施、设备、资源、课程等要素对学生的阅读行为进行全方位、多层次、立体式的影响和干预,使该学龄段的学生具有广泛的阅读兴趣、持久的阅读习惯、正确的阅读方法和良好的阅读效果的实践与探索[2]。可见,中小学校是否能够充分认识面向在校学生开展阅读推广的意义与作用、阅读推广方式方法上是否得当、阅读推广路径是否多元将直接关系到中小学生的阅读兴趣和阅读成效。基于此,本文对中小学阅读推广进行探讨,梳理中小学阅读推广的主要路径与方法,以期推动中小学阅读推广的持续发展。

二、中小学阅读推广现状及存在的问题

(一) 阅读推广现状

中小学阅读推广在受到国家宏观政策的影响、社会文化的推动以及基础教育改革的迫切要求下,取得了长足的进步。越来越多的中小学开始倡导阅读;越来越多的学校建立了以阅读为特色的办学理念;越来越多深受中小学生喜爱的阅读形式被不断推出;越来越多的中小学生加入阅读的行列中;越来越多的学校充满了书香。在 2017 年由上海市图书馆行业协会、上海市图书馆学会、上海市中小学生读书活动促进会等 6 家单位共同承办的上海市百名阅读推广人(组织)评选活动中,中小学共有 16 位个人和 19 个阅读组织受到表彰。

(二) 存在的问题

1. 阅读资源获取缺乏便利性。中小学开展阅读推广的资源主要依赖于学校图书馆。学校图书馆设点越贴近学生,图书馆资源利用率也就越高。2015 年教育部等二部一局下发的《关于加强新时期中小学图书馆建设与应用工作意见》明确提出"学校在图书馆中"的建设目标[3]"要求在学校走廊、班级、学校公共部位等建立图书角"。但笔者通过对上海市静安区中小学图书馆的调查发现,该区大部分中小学校行政部门由于缺

乏对中小学图书馆建设性质和要求等相关政策的了解,普遍将中小学图书馆设置在远离学生教学楼的教技楼中,给学生尤其是小学阶段的学生利用图书馆资源带来不便。据统计,2015年至今,静安区中小学校班级图书角和走廊图书角建设的完成率分别为80％和50％,一定程度上影响了中小学生阅读资源的获取和阅读推广的推进。

2. 阅读活动影响缺乏深远性。开展阅读推广活动有助于提高阅读兴趣,但要使学生形成阅读意识、养成阅读习惯、提高阅读素养,还需对阅读推广活动进行缜密规划,精心设计、稳步推进[4]。目前,中小学阅读推广活动主要依靠上级部门的行政推动。笔者在对静安区中小学阅读活动的调查中发现,全区90余所中小学校中只有11％的学校主动开展校级阅读节活动,大部分学校还是被动地等待上级组织安排。虽开展了一些读书活动,但绝大多数的学校活动流于形式,很少有学校对活动的成效进行总结和反思,对学生阅读的影响进行跟踪调查,以及对阅读成果进行梳理与分享。这种单纯遵循行政命令而缺乏主动探究意识的阅读推广活动,虽然能够形成一定的规模效应,但不能真正对学生阅读产生深层次的影响[5]。

3. 阅读教学缺乏系统性。以教学形式开展阅读推广有助于学校阅读文化的形成和学生阅读方法的习得。笔者从上海市教育委员会历年下发的《关于印发上海市中小学生课程计划及其说明的通知》[6]中获悉,尽管从2005年起,上海市教委要求小学每周开设阅读活动课程,但是从实际落实情况来看,只有57％的小学将阅读课程纳入了学校课程安排。由于缺少明文规定,只有35％的中学设置了阅读课。在开设阅读课的学校中,由于缺乏师资、教材、课程标准和评价指标,使教学行为缺乏规范性、教学内容缺乏专业性、教学秩序缺乏系统性。调查还发现,中小学的阅读教学普遍是由语文教师兼职,这就导致了阅读课程倚重语文教学。在实施过程中,教师往往重视连续性文本阅读的教学,忽视对非连续性文本阅读的指导;重视共性化的程式性教学,忽视个性化的阅读指导;重视课内阅读技巧的训练,忽视课外阅读的有效衔接和拓展。尤为糟糕的是,每当在学校面临重大活动或是考试前夕,阅读课被替换的现象屡见不鲜,让阅读课成为学校名副其实的"救火课"。

三、中小学阅读推广的主要途径

(一) 以环境为依托,营造浓郁的阅读氛围

皮亚杰认为:"儿童阅读兴趣的发展过程是主客体交互作用的过程。儿童与客体环境交互作用越积极越主动,发展就越快。"[7]中小学是有计划、有组织地开展教育教学活

动的专业教育机构,它所具有的设施、设备、教职员工、课程体系、制度建设、师生关系等构成了特有的文化氛围,为阅读气氛的营造提供了天然的母体环境。其中,中小学图书馆既是学校的信息资料中心,又是中小学开展阅读推广的主阵地。在新一轮中小学图书馆改扩建的进程中,学校图书馆的硬件环境得到极大的改善,不仅增强了中小学图书馆环境的设计感,还使中小学图书馆在色彩的搭配、艺术造型的设计、设施设备的摆放、报刊书籍的陈列等方面与各学龄段学生的生理和心理特征相吻合,使中小学图书馆拥有了适合各年龄段学生独自阅读、群体阅读、分享阅读所需的各种阅读环境。在这一发展过程中,中小学图书馆资源得到了极大的丰富,已不仅仅包括纸质资源,还包括电子资源、网络资源、听读资源等,并配有相应的专用设备,为中小学生提供点读、听读、移动阅读等多样化的阅读方式,让中小学生可以在学校图书馆中通过更多的阅读方式获得更多的阅读内容。另外,中小学图书馆还配有专业的图书馆教师,他们能够充分挖掘图书馆的各种资源为阅读教学提供环境、为阅读展示提供舞台、为阅读活动提供空间,努力使中小学图书馆成为中小学阅读推广的前沿阵地[8]。

　　2015 年国家二部一局联合颁布的《关于加强新时期中小学图书馆建设与应用工作的意见》提出的"学校在图书馆中"的建设要求,为营造良好的校园阅读氛围提供了政策保障。各中小学纷纷建成以图书馆为核心并辐射全校的阅读环境,为学生随时随地的阅读提供保障;学校墙体、楼梯、宣传栏上张贴了读书名言、古诗词佳句,时刻唤醒学生的阅读意愿;电子屏上滚动播放的新书推荐、阅读活动宣传和学校主干道中央矗立的与阅读相关的雕塑形象,无不让学生浸润在浓厚的阅读气氛中,以润物细无声的方式引导学生走进阅读、亲近阅读乃至热爱阅读。

(二) 以课堂为载体,打造阅读课程体系

　　课堂是学校教育教学活动的主阵地。课堂为课程的实施提供了教学环境,课程通过课堂教学实现育人目标。在中小学教育教学中,只有将育人目标嵌入课程体系形成固化的教育形态,并通过课堂教学的形式加以贯彻和实施,才能让学生获得持续、深入、系统的教育影响[9]。因此,为从小培养学生良好的阅读素养,养成终身阅读的习惯,亟须将阅读纳入课程体系,打造具有阅读自身逻辑的课程体系。在这一方面,上海市已有部分中小学先试先行,并取得了初步成效。如上海市静安区中山北路小学在多年阅读课程化道路的探索中形成了特有的阅读文化特色,开辟出一套适合培养小学生阅读素养的课程体系。这套课程体系从学生、教师、教学 3 个层面将阅读课塑形成 4 种课型、

两种序列书目、"三导"手册和一套教师培训机制,从而确保了阅读教学在课堂中的有效实施。首先,教学层面,学校应根据儿童阅读心理特征,对其阅读的形式和种类进行了系统分类,有针对性地设计出新书推荐课、阅读欣赏课、技能指导课、成果分享课4种课型,并对各种课型编制与之相配套的导读、导学、导练的"三导"手册,供教师在教学时参考。其次,教师层面,学校确立了以教研为抓手的教师培训机制,通过在校内组织开展备课、授课、听课、评课等形式的教学研究,完善阅读课程及各类课型操作。再次,学生层面,学校从小学生阅读的趣味性、衔接性、生成性的角度考虑,为1~5年级的学生编制了每学年必读书目和选读书目。其中,必读书目是指学生在学年内必须阅读完成的书籍,每学年共6本;选读书目是指推荐给学生自由阅读的书目,每学年24~29本,学生可任意选择,自由借阅。序列书目为阅读教学提供了丰富的教学资源,4种课型为阅读教学提供了基本的教学形态,"三导"手册、教师培训机制为阅读教学提供了教学参考和教学保障。阅读课程使阅读融入了学校的教学,成为学校特有的文化基因[10]。

此外,上海市静安区中山北路小学针对PISA测试反映出的上海学生非连续文本的阅读成绩并不理想的问题,着手将阅读教学深入数学、自然、劳技、音乐等学科中,与学生生活紧密结合,增强学生对图表、符号、地图、说明书等非连续文本的阅读、理解、分析、运用,形成了阅读课程新的发展方向[11]。

(三) 以活动为抓手,丰富阅读的内涵和外延

"哪里有运动,哪里就有注意力"这句话从生物学意义上描述了与阅读相关的生物机制——大脑和眼球是最善于处理和捕捉处于运动状态的图像和物体[12]。而阅读是需要人静下心来,通过视觉获取静态的人工符号,用大脑中已经存储的记录对获取的符号进行解构、分析、重组、提炼,构建对作者所传达信息的合理解释[13],这一过程需要阅读者具有高度的思想注意力和精神凝聚力。从这个意义上来说,阅读是违背了生物的自然机制的。诚然,中小学生正处生命旺盛、精力充沛的大好年华,好动、兴趣广、注意力易分散是中小学生的天性,所以,要让中小学生静心阅读,仅凭简单的说教,机械的训练,不但无法达成,而且会使其失去阅读兴趣。为此,面向中小学生开展阅读推广,要紧紧抓住中小学生爱玩,爱动的特点,以活动为抓手,通过调动学生多种感觉器官来配合学生开展阅读,达到吸引学生注意力的目的。对于小学段低年级的学生来说,可选择以图片为主,不配或配以少量文字的绘本或画册,阅读时要求学生用手指进行点读,用嘴巴说出看到的内容来辅助阅读,帮助低年段的学生集中注意力。阅读后要求低年龄的

学生以绘画的形式表达阅读的感受和体会,充分发挥他们的想象力。可通过表演课本剧的形式,倒逼小学中高年级学生进行文字阅读,再现故事情节和人物原貌,增强阅读体验感。中学生已具备静心阅读的生理条件,可举办作家见面会,鼓励其在阅读的基础上聆听讲座,增强感悟;组织读书沙龙,分享与交流读后感;亦可组织参观或游历,使知行相结合,增加阅读收获。

总之,中小学开展阅读推广,需要针对中小学生特有的生理和心理特征,突破单一的阅读形式,尽可能多地调动感觉器官,通过说、做、听、画、想、唱、演、舞、游等多种形式[14],不断扩大和丰富阅读的外延和内涵,使阅读推广更符合学生的心智模式,更易于被学生接受。

(四) 以家庭为单位,筑守阅读成果

父母是中小学生第一任老师,父母行为和家庭环境对中小学生习惯的养成具有举足轻重的作用。所以,在中小学的阅读推广不仅要注重在校内持续、深入而广泛地推进,还要将阅读推广范围延伸至中小学生的家庭,使家庭阅读环境、父母阅读行为与学校的阅读环境和引导方式形成合力,共同提高学生的阅读素养[1]29。基于此,学校首先要与家长达成共识,明确努力的目标和方向,定期或不定期地面向家长开展阅读培训讲座,同时,鼓励家长与孩子一起在家中建立小小图书馆,每天于固定时间与孩子开展亲子阅读,使孩子在亲子共读的环境中分享阅读的快乐。其次,学校应尽可能地组织家长参加与学校阅读相关的活动,如邀请家长参与学校图书馆的图书采购、协助学校策划阅读活动、分享亲子阅读经验、参加阅读表彰大会等,分享由阅读带来的收获,让家长和学生在阅读中共同成长。

利用家校合作的方式对中小学生开展阅读教育,不仅可以巩固来之不易的阅读教育成果,还可以提高家长的文化修养,有效地避免了因代沟、误解等原因而引发的家校冲突、家庭冲突,进一步融洽家校关系、师生关系、生生关系、家庭关系,让中小学生在祥和的读书氛围中静心、安心、舒心地阅读。

(五) 以信息技术为手段,增强阅读效果

信息、通讯、网络、智能等技术的发展,丰富了阅读的载体和方式,不但为读者提供了更多的阅读选择,而且还为读者带来了更加立体的阅读效果。当下中小学生正处在富媒体的阅读环境中,需要帮助中小学生从小树立正确的阅读观,学习并适应在各种阅

读环境下的阅读,达到理想的阅读效果。首先,在数字阅读环境下,当代中小学生是在网络环境成长起来的数字原住民,对数字阅读有天然的亲近感,具有比成人更强的数字阅读适应能力。但从目前数字阅读环境来看,作品内容良莠不齐,而中小学生又处在心智尚未成熟、明辨是非能力差的成长阶段,更需要家长和教师为他们提供经过筛选的可靠的适合的电子资源,助力他们的成长。其次,著名文化学者余秋雨先生曾说过,儿童纯净的心灵世界可以由经典名著奠基而激发其一生的文化向往。经典文学是儿童与外部世界建立联系的重要途径,使学生在感受到文字魅力的同时思想和精神也得到升华。中小学在开展经典阅读的推广过程中,要多渠道、多形式地向中小学生推荐古今中外优秀的经典文学作品,采取书面阅读的方式,开展品读、诵读、自由阅读、群体共读等形式,引导他们吸取精华,获得心灵滋养,激发他们对世界真善美的向往和追求。第三,在纸电混合的阅读环境下,中小学要善于发挥各媒体的阅读优势,以达到良好的阅读效果。对于低龄段的小学生来说,可通过动态的视频与静态的文字有机结合的方式,提升阅读兴趣,加深阅读印象,增强阅读记忆;对于高学龄段的中小学生,逐步培养其左书右网的阅读习惯[15],有助于其增强阅读理解能力,及时解决在阅读过程中遇到的疑难问题,进而提升阅读效果和品质。

信息技术的发展为阅读提供了更广宽的天地,不同的媒体环境提供了不同的阅读方式,产生了不同的阅读效果。中小学在阅读推广过程中,需要帮助学生学会根据不同的阅读情境选择不同的阅读方式,使各种阅读方式有机结合,相互补充,相互促进。同时,中小学校还要积极运用阅读平台,通过对学生阅读数据的精准分析,为学生提供更适合的个性化阅读方式[16]。

(六) 以评价为引擎,建立阅读生态圈

评价是价值判断的过程,具有鉴定、导向、激励、反馈、监督等功能[17]。评价对于心智尚未成熟的中小学生而言是一把双刃剑,既有激励和促进作用,又有伤害和促退的反作用。因此,适宜的阅读评价是延续中小学生阅读兴趣的有效方法。在中小学生阅读评价的过程中,要特别注重自我评价和同伴评价,注重对自身阅读过程的评价,可通过每日记录阅读内容,阅读时间、阅读进度、阅读心情,每周记录阅读收获,每月进行阅读分享,发现自身阅读的进步,维持持续阅读的内在动力;也可通过评选阅读明星、阅读达人、阅读小队等形式,在学生中形成见贤思齐的榜样效应,吸引和带动更多的学生投入到持续的阅读状态中。对教师而言,阅读评价,即阅读能力评价,涵盖阅读速度与阅读

理解两个指标。教师可周期性地采取口试或笔试的方式对学生的阅读能力进行检测。其中以口试的方式评测学生的阅读速度,以笔试的方式考查学生的阅读理解能力。为避免分数给学生造成分分必究的压力,教师可采用等弟制和星级制对每位学生的阅读水平进行公正客观地评价,并将评价结果作为改进和提高阅读教学质量的依据。对于学校而言,为持续营造浓厚的阅读氛围,可通过书香班级的评比活动,实现班班有阅读;通过对走廊阅读角的责任落实制度的考核,实现学校处处可阅读;通过开展各班级阅读专区的流动评比活动,营造学校整体的阅读氛围;通过组织阅读节活动,建立校园阅读文化和阅读制度,让书香充满整个校园。对于家庭而言,可通过书香家庭的评比,让学生阅读行为影响和带动整个家庭的阅读,从而形成持久的家庭阅读氛围。

把评价机制引入中小学阅读推广中,可以促进学生阅读兴趣持续升温,教师阅读教学水平持续提高,学校阅读氛围的持续优化,家长参与热情的持续高涨,可为中小学生构建良性的阅读生态圈。

(七) 以合作为基础,共筑阅读同心圆

中小学阅读推广的开展,对中小学生成长而言,可谓功在当代,利在千秋。然而仅凭学校的一己之力,难免存在阅读推广资源、渠道、方式、方法的局限和内容单一的问题。为进一步拓展中小学阅读推广的深度和广度,使中小学生阅读推广常推常新,中小学要在积累自身阅读推广经验的基础上,尝试走出校门,广泛开展合作,让阅读推广的路越走越宽。目前,已有中小学校尝试建立校际阅读联盟,通过资源共享,协同合作,实现了阅读品牌联盟、图书采访联盟、阅读活动联盟、阅读服务联盟等的一系列联盟模式,使中小学阅读推广的力量更强大、手段更多元、形式更丰富、成效更显著。同时,联盟还积极与技术公司合作,开发联盟阅读平台,利用平台+互联网技术,突破联盟成员间的时空限制,使阅读联盟形式更具发展潜力与活力。如上海市普陀区实施的"E联盟"阅读平台,是本市首个跨区域的校际联盟平台,平台不仅拥有近 50 000 本适合青少年阅读的优秀书籍,还针对有关书籍内容设计了 5 000 套在线阅读检测题目,实现了在线阅读、在线测评、在线讨论、读书笔记分享等功能,增强了阅读的互动效应,扩大了中小学生阅读圈,使阅读推广从校内延伸至校外,从线上拓展到线下,保持了中小学阅读推广鲜活的生命力[18]。

在中小学阅读推广的过程中,除建立校际联盟外,学校还可与当地的公共图书馆开展馆校合作,将公共图书馆丰富的文献资源、先进的文化设施、专业的阅读指导与学校

丰富的教学经验相结合,满足学生的阅读需求,激发学生的阅读兴趣;还可与出版社合作,主动对接需求,为学生出版更多更优秀的精品出版物,在校内通过设置出版社专柜书架,让最新的出版物以最快的速度呈现给学生,激发其持久阅读动机与行为的产生[19]。

四、结束语

苏联作家约瑟夫·布罗茨基曾说过,一个不读书的民族是一个没有希望的民族。在举国大兴阅读之风的背景下,探讨中小学阅读推广不仅是为了更好地推动全民阅读发展战略的实施,也是为了更深入、更持久地继承和弘扬我国崇尚阅读的优良传统。推进中小学阅读推广,不仅是中小学教育事业的使命,而且是全社会努力的目标和方向[1]33。

(论文发表于《图书馆工作与研究》2018 年第 2 期)

参考文献

[1] 丁娜.全民阅读推广力量的角色构建[J].图书馆论坛,2014(2):27—33.

[2] 陈幼华.论阅读推广的概念类型与范畴界定[J].图书馆杂志,2014(4):21—24.

[3] 关于加强新时期中小学图书馆建设与应用工作的意见[EB/OL][2015 - 05 - 20].http://www.moe.gov.cn/srcsite/A06/jcys_jyzb/201505/t20150520_189496.html.

[4] 张磊.阅读立法下的青少年阅读推广策略研究[J].新世纪图书馆,2015(11):21—24.

[5] 阮朝辉.构建我国高等院校阅读推广"5W"新模式[J].图书馆工作与研究,2016(7):31—35.

[6] 关于印发上海市中小学 2015 学年度课程计划及其说明的通知[EB/OL][2015 - 08 - 017].http://www.shmec.gov.cn/html/xxgk/201508/402152015017.php.

[7] 曹雅娟.让阅读活动成为幼儿喜爱的活动[J].天津教育,2013(10):45—46.

[8] 陈幼华等.阅读推广视角的图书馆空间设计研究[J].图书馆杂志,2015(12):38—43.

[9] 徐万山.论课程价值的实现[J].中国教育学刊,2008(2):58—61.

[10] 阙奋 杨珏.让孩子在书香中成长[M].上海,上海教育出版社,2012.:202—203.

[11] 朱小虎等.质量与公平——上海 2009 国际学生评估项目(PISA)结果概要[M].上海:上海教育出版社,2012:15—16.

[12] 克里斯蒂安·格吕宁.快速阅读[M].北京:中信出版集团,2015:24—25.

[13] 史蒂文·罗杰·费希尔.阅读的历史[M].北京:商务印书馆,2013:6—7.

[14] 阿甲.阅读,是一种游戏[EB/OL][2015 - 06 - 10].http://www.360doc.com/content/15/0610/
    11/5315_477106060.shtml.

[15] 陆晓红.我国儿童阅读推广综述[J].图书馆工作与研究,2013(9):112—113.

[16] 维克托·迈尔·舍恩伯格等.大数据时代[M].浙江:浙江人民出版社,2013:30—35.

[17] 倪文锦等.阅读评价的国际借鉴[J].课程教材教法,2014(12):103—108.

[18] 普陀区启动小学 e 联盟阅读平台　运用大数据分析学生阅读情况[EB/OL][2015 - 12 - 01].
    http://www.shanghai.gov.cn/nw2/nw2314/nw2315/nw4411/u21aw1083349.html.

[19] 王萍.国外阅读推广活动经验剖析[J].图书馆工作与研究,2013(10):107—109.

阅读点亮童年

——小学生课外阅读的探究

上海市第一师范学校附属小学　姜　敏

摘　要：国民的阅读水平已经成为关系一个民族文明程度乃至在"地球村"里各个国家之间综合国力争衡的重要标志。注重小学生课外阅读机制的研究和实践，以阅读点亮小学生的心灵，不仅可以丰富课外阅读教学的理论，为深化小学教育教学的改革提供一种新的实践思路和操作模式，并可提高小学生阅读兴趣、促进阅读思维，且对小学生的人格培养、心灵净化、智力开发、未来发展等亦具重要意义。基于此，本文从学情分析、推出校本课外阅读教材与课程，形成机制、助力学生课外阅读的深入与长效，活动引领、激励课外阅读点亮学生童心，对推进小学生课外阅读进行了多维度的探究。

关键词：课外阅读　小学生

一、引言

阅读是把钥匙，能启迪认知；阅读是面镜子，书中的人物、事理好比"镜像"，会让人不自觉地模仿；阅读是颗种子，书中蕴含的知识与价值观就像种子埋在心里，积累多了就会绽放智慧的花朵。所以，自古以来，文人学者都极为重视阅读。宋代大文豪苏轼在其《李氏山房藏书记》一文中说："自孔子圣人，其学必始于观书"；中国古代文学家、教育家颜之推，在其《颜氏家训·勉学》中说的"积财千万，无过读书"，更是中国很多传统家庭所恪守不移的信条。中国著名教育家徐特立先生认为读书可以"明人生之理，明社会之理"。大凡有成就的无不敬惜字纸，勤耕苦读，追求的是一种"修身、齐家、治国、平天下"的人生理想。[1]

美国图书馆学家施莱格曾强调,人本价值观念是图书馆的核心。以人为本,倡导人文关怀,实行人本管理,提供人性化服务,是现代学校图书馆的发展方向[2]。"没有阅读的学校是枯燥的学校,没有阅读的人生是乏味的人生"[3]。小学图书馆担当着儿童阅读启蒙和青少年阅读推广的职责,传播着阅读的理想。但是,如果要小学生的课外阅读亦如"正襟危坐"的课内阅读,很有可能背离儿童阅读心理发展的自然规律;而若长期放任自流课外阅读则会让小学生"浅阅读"现象泛滥,学生阅读的能力得不到有效培养。

因此,加强小学生课外阅读机制的研究和实践,不仅可以丰富课外阅读教学的理论,为深化小学教育教学的改革提供一种新的实践思路和操作模式;而且以阅读点亮小学生的心灵,可以提高小学生阅读兴趣、激发小学生阅读思维,并且对于小学生的人格培养、心灵塑造、智力开发、未来发展等都具重要意义[4]。

二、学情分析,推出校本课外阅读教材与课程

所谓学情分析,是指根据小学生的年龄特点与认知规律,分析小学生的阅读兴趣与阅读倾向等。研究表明,由于小学生课外阅读缺乏引导,不仅阅读没有持久的兴趣、课外阅读量不足,而且重"图"轻"文"、年级越高课外书阅读量越少,尤其是阅读"大部头"作品感到吃力的倾向[5]。

基于倡导课外阅读实现课程化的研究[6],为了改变小学生课外阅读的现状,有效培养小学生良好的课外阅读兴趣,提升小学生阅读能力,让课外阅读成为习惯,我校由专家与各年级骨干教师组成了"小学生课外校本教材"项目组,挖掘、梳理我国经典诗文读本资源,精选符合不同年级段学生的诵读图书,并且分阶段进行课外阅读实践。在具体操作上力求:目标尽可能贴近学生,内容尽可能适合学生,方法尽可能吸引学生,以优秀的国学、文艺与科普典籍滋润学生心灵与拓展学生视野。

为使项目顺利实践,学校每周特增设一节经典诵读课,按年段普及国学文化、科普知识与欣赏文艺作品。在浩如烟海的内容中,选取与行为规范相结合,与认知发展相契合的学生课外阅读校本教材,采取了故事链接的方式,让孩子们在故事中领悟经典的魅力。并且经过探索,以"适度课程化"为原则,采取与语文课堂教学不同的操作策略,推出我校课外阅读指导的以下几种课型,提高了对学生课外阅读指导的实效。

(一) 名家名作推介课

教师将作品的主要内容或故事梗概打印好在课前发给学生,课上提炼作品精华,以

线索梳理和片断欣赏的方法让学生感受名著的魅力,并且通过互动,激发起学生自主阅读的兴趣。

(二) 国学诵读微型课

利用晨读、午会等零碎时间,按年级段特点诵读国学经典。比如,低年级学生读《弟子规》和《三字经》,中高年级学生读《增广贤文》和《论语》,在琅琅的吟诵中,学生与圣贤同行,感受语言的音律美,感受中华传统文化的魅力。

(三) 阅读方法点拨课

结合课内的阅读教学,指导学生对不同的读物采用不同的方法,如选读法、浏览法、精读法、批注法、摘抄积累法等,使学生在老师日积月累的点拨下,学会运用合适的方法阅读手中的书籍。

总之,课外阅读课程化过程中,不求有口无心地熟背,而是力求学文力行。比如,我校编制的《弟子规生活力行表》,将圣贤经文的诵读与行为规范的养成教育结合起来,其目的是通过课外阅读吸取圣贤经文的精华,养成一代热爱国学经典、懂礼仪、有抱负的现代中国人。

三、形成机制,助力学生课外阅读的深入与长效

所谓机制,是指正视事物各个部分的存在的前提下,协调各个部分之间关系以更好地发挥作用的具体运行方式[7]。我校为长效推进学生的课外阅读,学校项目组与图书馆、教导处、德育处联手合作,通过机制保障,不仅将经典诵读行动渗透在课堂教学中,而且每周四下午,语文老师让出半节语文课的时间,让小国学迷解读自己学过的文章,使课外阅读落实在每一天的学生生活中。

(一) 落实四个一

即每日一句,每周一课,每月一练,每学期一展示。其中,"每日一句"指各班结合拟定的国学典籍,由老师或学生每天推荐一句经典诗文,规范地写在黑板的专栏中,让学生每日课余或课外适时诵读、讲解;"每周一课"指每周开设一节诵读拓展课,读读背背、讲讲画画,依据进度学习两句或两个经典小故事,同时,每周写字课上,落实书写经典诗文或读书感悟;"每月一练"指各年级结合语文学科活动,组织一次小竞赛,如集体朗诵

比赛、填词大王评选、诗文书写评比、读后感交流等活动；"每学期一展示"指在"家长开放日"向家长展示国学诵读成果,在每学期的年级主题活动中,重点设计有关经典诵读方面的汇报展示。

(二) 搭建四个平台

即"国旗下讲一讲""晨间读一读""班牌上秀一秀""午间听一听"。其中,"国旗下讲一讲"指每周升旗仪式上,由各科教师代表轮流向全校师生深入浅出地宣讲经典诗文,并在学校电子屏幕中滚动显示,让学生从每周的第一天起感受经典的魅力,汲取思想的力量;"晨间读一读"指利用晨间早读时间,组织学生快乐诵读,形成校园琅琅吟诵声;"班牌上秀一秀"指每班门口设计特色班牌,让班牌成为展示学生阅读作品、鼓励班级国学小能手的一方平台,让特色班牌成为附小学生课外阅读成果的一道风景;"午间听一听"指利用午餐时间播放童声诵读、古诗吟唱等方面的背景音频,营造国学氛围,感受文化气息。同时,建立集音频、视频、书目推荐各种形式的"经典诗文电子资源库",供学生选用学习。

四、活动引领,激励课外阅读点亮学生童心

所谓引领,是指带动事物跟随他或他们向某一方向运动、发展[8]。我校为了让"爱读书、会读书"的种子在孩子们的心中生根发芽,我们以丰富多彩、形式多样的课外阅读活动,引领学生感受到课外阅读真正成为每天必不可少的心灵套餐。

(一) 读书交流会

每月组织学生就自己课外阅读的作品所传递出的精神、人物的特点、作者的写作风格欣赏等方面展开交流。在交流中分享新的阅读体验,收获阅读的快乐。通过课外阅读与交流,学校涌现了一批阅读小书迷,并且有了固定时间的小讲坛。

(二) 诗文吟唱会

我校三年级组织召开了"走近国学、诵读经典"的诗文吟唱会。静安区团区委、少工委领导和静安区语委办老师和三年级的学生家长都出席本次活动。在展示活动中,小主持还特别将学校五(2)班肖林羿同学介绍给大家,他能熟背《陋室铭》,通读《论语》《左传》《史记》《古文观止》等30余部古典名著。当学生、家长、老师现场与他互动后,所有

的同学、老师和家长都被这位国学小高手所折服。由此让更多同学乃至家长感受到国学的魅力,起到了课外学习的作用。

(三) 大作家与学生见面会

我校每个学期邀请大作家进校园,与学生见面,给学生上两堂阅读课。比如,先后邀请了著名儿童文学作家秦文君、郑春华、沈石溪、周晴等向学生畅谈了阅读与写作的关系,他们用儿童文学家独有的、生动有趣的语言,讲述了自己快乐的成长经历,一件件情趣横生的身边事,让学生在聆听的愉悦中有所思、有所悟,不仅分享了他们成长的历程,懂得了培养良好的阅读习惯是多么重要;而且学生还根据自己的阅读体验,踊跃向大作家提问,在互动中,使学生学会多读多思,升华他们的文学梦。

(四) 亲子阅读俱乐部

小学生培养课外阅读习惯仅仅依靠老师是不够的,还需要学生家长的支持与配合。2011年起,我校成立了亲子阅读俱乐部,目前有近百个家庭加入了这个俱乐部,学校免费为这些家庭定期提供新书,组织他们到学校的亲子阅读吧中进行交流,开展亲子共读分享、名家文学讲座等活动,使阅读深入更多的家庭。每年亲子阅读俱乐部还推出"十大悦读明星家庭",评选"十大最佳阅读企划",并且相继出版了《"悦"读人家,这边"读"好》《老师眼中的好书》等精美的图册。

(五) 阅读成果展示会

以年级组为单位,每个学期通过学校春芽电视台向全校师生展示各种形式的读书成果。比如,以独幕剧、故事大王擂台赛、国学小讲坛、古诗词吟唱等汇报形式,让孩子们在舞台上感受到阅读带来的成果。近年来,我校学生在市、区各级读书竞赛活动中屡屡取得好成绩,分别在上海市暑期读书系列活动中获得一、二等奖,并刊登于《我与中国梦》等书籍上。

(六) 营造书香校园

从一楼到五楼,每条走廊里都有书架、书篮、藤椅、沙发。下课时、午休时,总有孩子三三两两地过来自主取书,静静地坐下,入迷地阅读。低年级的绘本、儿童杂志、中高年级的文学书籍,都会定时更换。更让孩子们欣喜的是,每个年级每周总有一天中午会迎来流动图书车,车上崭新的图书全是书店里当季的热销的儿童文学作品,让小书迷们争相借阅。而且,每天中午每个年级都会安排一个班走出教室,到指定的地方进行课外阅读:五年级学生在温馨的阅读长廊,三四年级学生进入安静的阅览室,一二年级学生到充满童趣的亲子阅读吧。

五、结语

当今,国民的阅读水平已经成为关系一个民族文明程度乃至在"地球村"里各个国家之间综合国力争衡的重要标志。让图书资源利用效益最大化,为学生提供全方位、多层次的课外阅读服务,将学校建成流淌诗意、畅游知识海洋的场所、弥散馥郁书香的殿堂、放飞心灵甘源的驿站,是我们学校图书馆人追求的永恒目标。

参考文献

[1]吴伟民.中小学图书馆阅读推广与服务创新.图书馆发展研究:2013(4).

[2]刘婷婷.简论图书馆管理现代化.环球市场:2016(9).

[3]李慧娴.著名儿童文学作家张秋生"写作妙招"报告会专题报道.崇川教育网:2009-09-22.

[4]刘英.师生合力助推课外阅读成效提高.中华少年:2017-10-25.

[5]小学生在阅读方面有什么特点.百度知道:https://zhidao.baidu.com.

[6]倡导课外阅读实现课程化.百度学术:http://xueshu.baidu.com/20170914.

[7]机制.百度百科:https://baike.baidu.

[8]引领.百度百科:https://baike.baidu.

发挥图书馆在低年级学生绘本阅读中的作用

上海市静安区永兴路第二小学　马　健

摘　要：一本好的绘本，故事幽默生动、温暖有爱；画面色彩鲜明、精致有趣。一本好的绘本能激发孩子的阅读激情，引导孩子展开丰富的想象，提高孩子的综合审美能力。图书馆要创造条件、营造氛围，发挥绘本读本的作用，让低年级学生爱上阅读，快乐成长。

关键词：低年级学生　绘图读本　图书馆

苏霍姆林斯基曾说过让学生变聪明的办法是阅读、阅读、再阅读。培养学生探究性阅读和创造性阅读的能力，提倡多角度的、有创意的阅读，提高阅读质量，是课程标准对学生阅读提出的要求。

课外阅读对于学生的重要性无须赘述，那么，对于刚入学不久，识字量还不多的低年级学生来说，他们活泼好动，求知欲强，对新鲜事物充满好奇心，就更应当从他们的特点出发，选择适合他们阅读的图书，帮助他们从小养成阅读习惯。根据低年级儿童认知的特点，低年级的阅读材料应该有以下特点：书本不宜过厚，文字量适中，字号大一些，排版宽裕一些，最好图文比例兼半，可以让低年级学生一气呵成，连贯读完。

"绘本"是一种以图画和文字合成的一个复合文本，文字大，图画生动有趣，所以深受儿童喜爱，绘本阅读也成为低年级孩子阅读经历中不可缺少的重要一环。学校图书馆在低年级学生绘本阅读中应当发挥怎样的作用呢？

一、图书馆为绘本阅读提供基础保障

（一）精选绘本读物，为阅读提供保障

目前出版的绘本书很多，令人眼花缭乱。优秀的绘本图书应当有丰富的人类情感内容，隐含多样的社会生活画面，选择优秀的绘本让图书馆的绘本资源建设做到数量有保障，质量优秀，作品有特色，是开展低年级绘本阅读的首要条件。因此，在图书馆选择图书时，从以下几个方面入手。

一是每年图书采购时，确定好低年级绘本的采购数量，严控复本数，使学校图书馆每年有新的绘本增加，种类更多。

二是鲜艳的颜色，新颖的图案能够很好地刺激低龄儿童的视觉神经发育。频繁接触画面优美、色彩明朗的绘本也有助于养成孩子健康开朗的个性特征，故事的画面更生动、更优美，能更好地激发孩子的阅读欲望。因此，在选择图书时，图书馆注意选择画面色彩鲜艳，图案设计新颖奇特，文字字号偏大一些的绘本。

三是在选择绘本时要注意题材的生动和文体的多元化。故事的主题要符合儿童的认知水平和生活经验。亲情友情、生命教育、科普知识等都可以，故事的语言要浅显有趣、具体生动，绘本的文体不仅有童话故事，还有儿歌、童谣等，使孩子接触多元的读物风貌。

（二）专设绘本区域，为阅读提供空间

在图书馆中开设绘本阅读区域集中放置绘本读物。在这里用一些图案新颖可爱的卡通人物图画张贴在书架旁或者墙壁上，鲜明的色彩有趣的图案能使低年级的学生获得愉悦的心情，产生阅读的快感。选择的书架应当是塑料或木制的，书架的边边角角要求做成圆弧状，这样更安全；书架不能高，要适合低年级孩子的身高，使他们随手就能拿到自己喜欢的图书。

（三）学校图书馆在绘本的选择上把好关

图书馆应该选择语言规范优美、情节生动有趣、绘画富有表现力并蕴涵丰富内涵等待孩子去发现的绘本推荐给孩子，图书馆还开展了"好书换着看"活动，班级建立"好书漂流站"，发动学生把自己家中收藏的书籍拿到学校来，充实班级图书角。

二、图书馆为绘本阅读发挥指导作用

（一）开设有趣生动的阅读课，让绘本发挥真正的阅读价值，使学生享受阅读的快乐

绘本一个很重要的特点就是用图和文同时"说话"，图画中隐藏着许多重要信息。利用阅读课，把绘本带进课堂，在课堂上指导学生细致欣赏图画，许多用文字难以表达的场景和情节可以用画面轻松直观地表达出来。带领学生从细微处探寻，发现绘本中容易被忽视的小细节，引导学生从细枝末节产生丰富的联想，对故事进行延伸。如绘本《笨笨熊和聪明兔》，聪明兔捧着一个蓝色的盒子跑来了，原来这是美梦机。它会带来怎样的美梦？那一个个五颜六色的按钮有什么神奇的用处？一个个问题撞击孩子的心灵，孩子们产生了各种奇思妙想，展开丰富的想象。

（二）组织绘本阅读的社团活动

社团活动是学生喜欢的活动之一，相对于课堂在社团上学生的活动更自由，形式可以更多样。图书馆老师带领学生阅读绘本，图文并茂的绘本阅读往往让学生意犹未尽，在社团活动上开展绘本阅读的实践活动，可通过在阅读的基础上有所拓展。如：读一读，说一说，把故事说给身边的好伙伴听；读一读，演一演，许多绘本所讲述的故事都是情节丰富，适合表演，读了《谁的花开了》后，学生把鳄鱼嘟巴和兔子、小狐狸的神情、动作表演得惟妙惟肖，还加进了自己的语言和想象；读一读，编一编，读《小姑娘和大熊》，可以自己编一个有趣的结尾；读一读，画一画，读《蝴蝶和火焰》，可以画一画故事中的情节等。

（三）开展绘本阅读亲子活动

我们定期给家长发绘本图书推荐书目，向家长宣传好的绘本，让家长有选择性地给孩子买绘图读本。由父母带领孩子阅读。教师在课堂上的导读也许还不能面对每一个学生的阅读现状，但是，在亲子共读的时候，孩子能和父母一起通过眼睛欣赏精美的画面，通过耳朵聆听父母朗读绘本中诗一般的语言，孩子们运用多种感官全面接受熏陶，这不仅能弥补教师课堂的不足，更有利于创设家庭阅读的良好氛围。我校举办了"播散阅读的种子"亲子阅读朗读录音大赛。家长与孩子共同选择适合朗读的绘本，全家参与有的是父母和孩子一起朗读，有的是祖孙共读，也有全家一起分角色朗读。孩子和家长

们通过积极参与本次活动加强亲子互动,共同享受阅读乐趣。

(四) 创设学生分享阅读的舞台

每学期一次的读书节上,是同学们分享阅读、展示阅读成果的好时机。我们开展了设计"我的小绘本",低年级同学可以从自己阅读过的绘本中选择有趣的故事情节画一画,也可以自己发挥想象画一幅画配几句话。"快乐阅读卡"请家长帮助记录自己的阅读足迹,向同学们展示自己的阅读成果。"我的小书签",让孩子感受动手动脑的乐趣。

论亲子阅读与心理健康教育

上海市静安区中山北路小学　汪海芸

摘　要：本文以亲子阅读这一特定的视角，论述了心理健康教育的重要性，亲子阅读与心理健康教育的关系，以及亲子阅读渗透心理健康教育的方法。

关键词：亲子阅读　心理健康　阅读指导

近年来，随着社会的发展和教育改革的不断深入，学生的心理健康问题受到了一定程度的重视，很多学校开设了心理健康教育课，还配备了有资质的心理咨询老师，建立了心理咨询室，但收效并不大。本文试以亲子阅读这一特定的视角，论述渗透心理健康教育的重要性及其方法。

一、心理健康教育的重要性

当今，虽然人们越来越重视孩子的教育，但在现代以应试教育占主流的教育背景下，导致许多人甚至小学生都出现了严重的心理问题，如焦虑症、抑郁症，孤独症等。

小学生处于重要的心理发展时期，容易受到内外多种因素的影响，而且目前大多数小学生都是独生子女，一方面，部分家长对孩子的期望较大，望子成龙，望女成凤。"不要让孩子输在起跑线上"的想法让越来越多的家长对孩子急功近利、拔苗助长，这无形中给孩子造成较大的压力；另一方面，部分家长又对孩子过于溺爱，在家里无论提出什么样的要求家长都尽量满足。这种精神上与物质上的过度的扭曲，极易对孩子的成长造成不利影响。

我曾经在面试小学新生入学时，发现有的孩子相当焦虑，总担心自己这个不好那个不好；入学后，部分孩子会表现较为懒惰、自私，不够合群。由于小学生心理健康问题表现的症状并不明显,许多心理问题都是潜在的,往往容易忽视,如果我们的家长、教育者没有充分的思想认识和积极的态度,往往就使得问题堆积,小问题变成大问题,轻问题变成重问题,甚至出现不良事件。所以我们应重视心理健康,寻找有效途径进行教育。[1]

相关研究表明,小学生的心理问题已经呈现逐步增多的趋势。小学是人生新的起点,也是每个人心理发育的开始,所以在小学阶段对学生进行心理健康教育尤为重要。进行心理健康教育,能帮助学生形成健全人格、提升学生学习效果、培养学生适应能力、促进学生身心健康和素质全面发展。[2]

二、亲子阅读与学生心理健康

阅读是一项基本的智力技能,是个体通过对语言符号的获取、解读,从而内化意义的心理过程,其本质就是通过文字、图画等外在显现形式引导个体感知升华内在精神,并将其核心精神内化到自身行为模式的过程。

亲子阅读,又称"亲子共读",就是以书为媒,以阅读为纽带,使孩子和家长共同分享多种形式的阅读过程。通过家长与孩子的交流、朗诵、娱乐游戏等多种形式的阅读活动,帮助孩子更好地获取阅读所创造的营养成分,提高孩子通过阅读发展道德、人格、情绪、情感、认知,规范自身行为能力的互动方式。通过共读,父母与孩子共同学习,一同成长;通过共读,为父母创造与孩子沟通的机会,分享读书的感动和乐趣;通过共读,可以带给孩子欢喜、智慧、希望、勇气、热情和信心。

心理健康教育是根据学生的生理与心理发展特点,运用有关心理教育方法和手段,培养学生良好的心理素质,促进学生身心全面和谐发展和素质全面提高的教育活动。

早在2 500年前,孔子的"诗可以兴,可以观,可以群,可以怨,"就阐明了阅读对心理健康的作用。国外的阅读对心理健康的研究较为成熟,海涅的《赞歌》、朗费罗的《生之礼赞》、华兹华斯、勃朗宁的诗歌对治疗焦虑症、抑郁症都起了一定的作用。[3]

家庭教育是教育系统中的起点和基点,父母是孩子的第一任老师。而亲子阅读,通过家长与孩子共读一本书,不仅能够帮助孩子增广见闻,更重要的是培养其积极的心理品质,引导孩子形成符合社会规则和伦理道德的世界观、价值观和人生观。显然,家庭教育中亲子阅读对小学生积极心理健康品质的形成有着不容小觑的指向作用和引导作用。

三、亲子阅读渗透心理健康教育的方法

（一）创设阅读环境，渗透心理健康教育

心理学研究表明，好的家庭环境是能够给孩子带来心理安全。"孟母三迁"记述孟轲(孟子)的母亲煞费苦心，曾两迁三地，为孟子得以成为饱读诗书、名扬后世的圣哲创设了良好的教育环境。这故事告诉我们，良好的人文环境对于人的成长和生活是十分重要的。现今的家庭，经常愿意花费大笔的金钱去装潢亮丽的客厅、舒适豪华的卧房，却往往忽略孩子阅读空间的营造，有的甚至连一张像样的书桌也没有，使孩子在家里无法拥有温馨宁静的阅读环境。倘若一个家庭无法为孩子提供温馨宁静的读书环境，却要求做好家庭亲子阅读活动，无疑是"缘木求鱼"了。因此，创建一个好的家庭阅读环境对于引领亲子阅读，增强亲子阅读沟通、情感交流，培育孩子积极的心理品质与增加知识涵养至关重要。

为孩子建构一个阅读的空间，创设舒适惬意而又童趣化的阅读环境，以吸引孩子进来阅读。比如，在家中选一个光线充足的房间或角落，配置一张书桌与一个小书架，地面可以铺设卡通图案的地毯，墙壁上可用孩子与父母共同制作的装饰物进行美化，书本可以或开或合的放置其中，使整个小书房充满休闲、趣味与阅读的向往，使孩子可以随意选取自己喜爱的书籍，坐在松软的地毯上或是书桌前放松自在地去阅读。无疑，如果家里有这样一个开放式的阅读空间，一定会激发孩子的阅读欲望；家长则可发挥示范引领作用，将阅读内容，通过形象化的语言生动有趣地表达出来，孩子通过视觉和听觉器官，从语言文字符号中获取对自己有意义的信息，有助于形成更加完善的人格和健全的心理。

（二）开展家校活动，促进心理健康教育

教育是系统工程，加强和促进学生心理健康教育，不只是学校与教育部门的工作，家庭、社会各个方面都要一起关心与参与才更有成效。苏霍姆林斯基说，"凡是没有学会流利地、有理解地阅读的人，是不可能顺利地掌握知识的。"阅读的外延是生活，孩子在阅读过程中会感受到日常生活中经历过的或者接触不到的人际交往、社会适应等情境，家长通过阅读故事向孩子传承一些基本的道德价值判断，让他们形成比较稳定的道德倾向。[4]

我校每年开展"阅读节"的活动。其中一个版块是"亲子阅读 DV 大赛"。阅读不分

年龄,要想培养孩子自主阅读的好习惯,家长首先要从自己做起,以身作则,感染孩子,让家长录制和孩子亲子阅读的录像,分享阅读方法和心得,收到较好的效果。最近,中央电视台"朗读者"节目很火。我们由此受到了启发,何不让每班推荐一位小朋友的妈妈,组成"妈妈故事团",为全年级小朋友朗读一则小故事,让小朋友聆听故事语言的优美,体会故事带给我们的真谛,从而更加热爱阅读呢? 很快,"妈妈故事团"在家长们的大力支持下组成了。她们来自各行各业,本身非常热爱阅读,也非常重视孩子阅读,非常想通过学校这个平台为孩子们热爱阅读献出一点力量。我们先召集这些妈妈开会,提供适合给孩子朗读的绘本读物,把书中的图片扫描到电脑做成 PPT,并配合设计朗读互动等环节让朗读更出彩。妈妈们非常认真地准备,放弃中午休息时间,来到学校参加"周周演"活动。一个个生动活泼的故事在"妈妈们"的朗读声中栩栩如生,其中穿插的图片和音乐仿佛把孩子们带回到了那个场景,大家听得津津有味,最后的互动环节又强化了故事的主旨。

阅读收到了很好的效果。"妈妈故事团"的成立不仅让家长重视阅读,还能促进亲子阅读,培养孩子养成良好的阅读习惯,让家长和孩子都喜欢上阅读。因此,争取家长的配合,从家长入手,倡导亲子阅读,通过情感交流,促进孩子的心理品质健康发展。

(三) 亲子阅读互动

有益心理健康教育。亲子阅读是家庭教育的有效途径。增强亲子阅读观念,使父母有意识参与到子女的阅读行为和阅读活动中去,既能增强亲子情感认知沟通,又可以使家长较好把握孩子身心发展状况,而子女也会在阅读互动中了解自己的父母,给予父母更多的尊重和肯定,并在父母的积极鼓励和赞扬中获得精神上的支持和心理上的满足。比如: 亲子阅读《猜猜我有多爱你》时,把这个绘本作为情感教育的线索,当孩子被这本书感动时,他们也会联系自己的生活和经历,反思平时总是理所当然地享受着父母的爱,还理直气壮地以为自己对父母的爱有很多,进而体会父母之爱,学习对父母表达感恩之情。亲子阅读是爱的表现,情之体现。

亲子阅读促成良好的沟通,而良好的读书习惯更多是需要在父母的参与下形成的,家长带孩子去书店,给孩子推荐书籍、选择书籍,共同阅读;孩子喜欢阅读了,写句激励话语给家长一个欣喜,融洽了家长和孩子的关系。好的家庭把亲子阅读好方法在博客上发表留言,一招一式便于操作,分享给其他家长。家长和孩子一起写博客,互相访问,互相点评,架起了心灵之桥,点燃了热情火焰,有益心理健康。

人的成长,每时每刻都离不开家庭的影响和支持,要使家庭变得温馨而幸福,生活变得充实而有活力,就必须不断地学习、再学习,阅读、再阅读,并在阅读中汲取更多的成长养分,培养孩子乐观心理和心智健全,促使孩子修炼身心,保持积极心态,增强人格的独立,从而更健康地成长。

参考文献

［1］张洪秀.小学生常见的心理问题及其对策.考试周刊：2016(80).

［2］陈敏.小学语文阅读教学渗透心理健康教育的分析.青少年德育工作研究：2017(5).

［3］宫梅玲.阅读疗法纳入心理健康教育必修课的尝试.大学图书馆学报：2013(4).

［4］张绿枝.紧扣幼儿阅读心理特点解读绘本.教学园地：2017(4).

小学低年级学生情景阅览探索

上海市静安区中山北路小学　汪海芸

摘　要：本文认为要全面提高学生的语文素养，需经过大量的课外阅读。我校根据低年级学生的年龄特点，创建情景阅览室，通过影像、声音、画面、表演，营造一个栩栩如生的情景，把学生带入与书籍内容相应的氛围中，让教师与学生进行情景交融的阅读活动，激发学生的情感与思维，使学生产生身临其境的真实体验，充分感受阅读的快乐，帮助每一名学生养成课外阅读的好习惯，也达到了教育寓教于乐的效果。

关键词：情景阅读　阅读兴趣　小学生

教育家苏霍姆林斯基曾说过："让学生变聪明的方法，不是补课，不是增加作业量，而是阅读，阅读，再阅读。"要全面提高学生的语文素养，非经过大量的课外阅读不可。小学低年级学生作为学生学习阅读的起步阶段，"新课标"提出了具体要求：喜欢阅读，感受阅读的乐趣；初步养成爱护图书的习惯；学习默读；在阅读中积累词语；借助读物中的图画阅读；阅读浅近的童话、寓言、故事，向往美好的情境，关心自然和生命，对感兴趣的人物和事件有自己的感受和想法，并乐于与人交流等等。

根据低年级学生的年龄特点，我校新建了 100 平方米"情景阅览室"，在以"绿色"基调为主的窗明几净的阅览室里，创建视听、阅读、表演等几个功能区域，让教师带学生在室内开展阅读教学，借助一定的情境尽可能带给孩子阅读的幸福感，使之成为小学低年级阅读教学的主阵地，让孩子从小爱读书、会读书，让美轮美奂的书籍开启孩子的阅读之梦，让阅读成为孩子生活中不可缺少的一部分，让孩子在情景阅读中快乐成长。

一、创建视听区，重视直观感受

低年级的小学生识字量少，所以阅读以图文结合的绘本读物为主。绘本有丰富多样的图画，生动诙谐的人物形象往往能调动孩子看下去的欲望。但是低年级的孩子注意力不容易长时间集中，依靠投影、幕布、音响等多媒体技术，能够展开事物与现象本质特征与内在联系，动听的声音、美丽的图像生动直观地将信息再现，变静态为动态，变抽象为具体，变枯燥为生动，既能激发学生的学习兴趣，吸引孩子融入这一故事之中，又能开启学生思维的闸门，帮助学生解决语言表达从而为阅读书籍扫清障碍。

比如：故事《猜猜我有多爱你》，教师用投影机播放绘本图片，配上优美感人的音乐背景，有感情地讲述故事，并随机按故事内容进行提问：同学们，大兔子做了哪些动作来表示对小兔子的爱的？小兔子做了哪些动作来表示对大兔子的爱的？你觉得大兔子的爱多还是小兔的爱多？为什么？（指导学生仔细看图）投影下的图画非常有趣，让学生能感受到当时小兔子和大兔子之间的爱的不同表达……随着故事的发展，老师娓娓道来，和着柔柔的音乐，带给学生视听的直观感受，学生在特定的情景中思考问题，富有情感地学习，主动去感受、去体会故事的主旨。

二、创建阅读区，渲染环境气氛

阅读区是以模拟自然环境而创建，让学生在"魔法森林""小潭池水""满天繁星"中自由阅读，感受悠远宁静、静水流淌、轻松恬适的意境。在阅读区有几棵"参天大树"造型的座位，坐在那里有种背靠大树好乘凉的感觉；地上突出几块圆形的玻璃材质的座位，绿绿的颜色好似躺在清澈见底的池水上看书，舒服极了；天花板上满天的星星造型闪闪烁烁，仿佛坐在空旷的山头看书，离星星是这么近，真像巴金在《繁星》中描述的上面是星群密布的蓝天，好像它们就是我的朋友，它们常常在和我谈话一样。在这样的阅读区看书，令人神清气爽，好不惬意，学生在张弛有度的故事情节中提炼真、善、美的情怀，让书籍对学生产生潜移默化地影响，有利于学生阅读品质的生成。

比如：《各种各样的害怕》是一本很有魔力、会给学生带来不同阅读体验的书，老师通过引导、演示让学生自由阅读。让学生的阅读体验与周围环境融入在一起，在轻松的氛围中读懂图画，知道了图画中蕴含了许多文字不能表达的意思。学生不仅要读懂文字，更是要仔细地观察图画，真正读懂图画后面隐藏的语言，因为画中还有话。

三、创建表演区，深化阅读体验

爱活动、爱模仿、爱表演是低年级学生的天性，当阅读内容引起学生的强烈共鸣时，他们往往会以角色扮演等方式模仿书中人物的言行，从而加深对书籍内容的理解和情感的体验。因此，创建表演区，为学生搭设一个舞台，让学生在舞台上尽情展示自己、释放自己，把抽象的语言文字进行艺术化的表演、加工，转化为形象的表情，能让学生记住精彩的情节，更好地理解故事内容，使学生受到启迪，还能发挥学生的主动性与创造性，从而产生更浓厚的阅读兴趣与需求，使学生逐渐形成良好的阅读习惯。

比如：故事《爷爷一定有办法》，读完之后，学生被爷爷灵巧的双手和出人意料的故事情节所吸引，这时，老师适时提供表演需要的道具、头饰、服装，让学生像爷爷一样动手体验，并在舞台上表演出来，毯子变外套变背心变领带变手帕变纽扣……更重要的是这些变化密密地缝进了爷爷的一片爱，使学生体会到主人公小约瑟感受到了爷爷的爱，他非常珍惜爷爷的爱，是爷爷让他体会到生活是多么的美好。

创建情景阅览室，通过影像、声音、画面营造一个栩栩如生的情景，把学生带入与书籍内容相应的氛围中，让教师与学生进行情景交融的阅读活动，激发学生的情感与思维，使学生产生身临其境的真实体验，并通过扮演故事角色，听听说说、唱唱跳跳、动动玩玩等形式给学生提供更多大胆表达的机会和发散性思维的空间，使学生更好地理解故事，充分感受阅读的快乐，帮助每一名学生养成课外阅读的好习惯，也达到了教育寓教于乐的效果。

学校图书馆如何利用
阅读课引导学生发展

上海市市北初级中学　于　璐

摘　要：图书馆通过不同类型的阅读课教学，使学生学会读书，学会理解；培养学生搜集处理信息、认识世界、发展思维、获得审美体验的能力，提高学生感受、理解、欣赏和评价所阅读作品的能力，使学生具备终身学习的能力。

关键词：阅读课教学　图书馆教育　阅读能力发展

实行新课改以来，不少学校已经将课外阅读纳入课程表，将每周一节的自读课安排在图书馆，使图书馆真正从"第二课堂"变成"第一课堂"，成为课程改革的直接参与者。而这一阅读课模式也有利于培养学生的阅读兴趣和习惯，拓宽学生视野，发展学生的自主阅读能力。

目前这一模式逐步为学校师生所认同，我校也进行了这方面的探索。但阅读课作为一种新型课程，如何开展、如何实施，都有待于图书馆老师和专业老师共同实践和研究。

阅读，就是读书。就其过程而言，阅读是人与文献相互作用的过程，也就是说是人感知并理解文献内容，掌握文献中知识的过程。而作为一种个性化的行为，阅读是阅读主体运用语言文字搜集和处理信息，认识世界、发展思维、获取知识来源、获得审美体验的重要途径。学生在阅读中可以体味大自然和人生的多姿多彩，激发学生珍爱自然、热爱生活的感情，感受艺术和科学中的美，提升审美境界。

阅读能力是学生今后社会生存和应对未来挑战的必备的基本能力之一，是核心素养的重要组成部分。

阅读课是一个通过学生、教师、编著者和文本之间对话互动培养学生基本阅读能力的过程。阅读课应着重培养学生的阅读兴趣，扩大阅读面，增加阅读量，拓宽学生的视野，使学生养成热爱阅读的良好习惯，全面提高学生的人文素养和科学素养。通过阅读课教学，使学生学会读书，学会理解；培养学生搜集处理信息、认识世界、发展思维、获得审美体验的能力，提高学生感受、理解、欣赏和评价所阅读作品的能力，使学生具备终身学习的能力。

为了充分发挥图书馆的资源优势，提高阅读课的有效性，我们在以下方面进行了探索：

一、在自主阅读中丰富学生的知识

组织开展自主阅读是图书馆阅读课的重要类型之一，其主要功能作用是侧重于开拓学生阅读视野，培养学生广泛的阅读兴趣、良好的读书习惯和独立自主的阅读能力。

初中阶段应培养学生良好的阅读习惯，积累一定量的语言材料，通过阅读来体会文学作品的艺术魅力，汲取作品中蕴含的优秀文化内涵，培养高尚的审美情趣。我们的学习不能局限于单纯的课本知识，图书馆有着丰富的文化资源，我们要引领学生走入更广阔的文化空间，并提供优质的服务，使学生不断完善自己的知识，开阔自己的视野。

阅读正越来越得到人们的重视，当今的家长对学生购买书籍也从不吝啬。这从我们在开学初对全校 335 名预备年级学生的阅读调查问卷中就可以看出，100％的学生表明家长支持自己阅读，98％的学生喜欢阅读，5％的同学上过阅读课，100％的学生喜欢阅读课的上课形式是自由阅读自己喜欢看的书。正因为如此，我们在学期的前半段实施学生自主阅读的形式，以满足学生的好奇心和求知欲。

自主阅读的功效是润物细无声的。同学们对图书馆的丰富藏书表现出极大的兴趣，有些同学冲向自己喜欢的杂志尽情挑选，有的同学在新书书架旁流连忘返，也有的同学抓紧时间埋头苦读，读到意犹未尽时便直接借阅回家。图书馆流通量每堂课可以达到 30 左右。学生的读书欲望得到尽情的释放。另外每位同学都有一本读书笔记，看到好词好句就认真摘录，每个班的语文老师对摘抄本都有统一的规定和要求，会及时检查与反馈，使学生养成良好的读书习惯。自主阅读整体来说是个知识大量输入的过程，学生的大脑被外来的信息不断地冲击和洗刷，接下来的问题是，应如何整合与输出呢？

二、在专题阅读中指引学习方向

组织开展专题阅读也是图书馆阅读课的重要类型之一，其主要的功能作用，是侧重于对学生阅读的指导、引领和点拨,引导学生关注具有重要社会意义和重要人生意义的阅读主题,并通过专题阅读学习掌握专题检索图书和搜集专题资料等的技能,发展有一定深度的专题阅读、感受、理解、鉴赏和思考的能力。

新课程标准对中学生的阅读要求是:"课外阅读总量不少于300万字"。"要引导学生在学习我国传统文化和外国优秀文化的过程中,吸取精华,充实底蕴,提升文化品位,形成积极地态度和正确的价值观"。由此我们想到,在满足学生的阅读兴趣的同时也要考虑阅读的意义。阅读不仅仅是娱乐放松,还要促进学生学业的发展,丰富学生的精神世界,引导学生沉浸于文学作品,还要指导学生根据自己的体验、感受发表见解。

我们在自主阅读中观察学生的阅读情况,发现许多学生只专注于漫画类书籍,男同学更是只喜欢玄幻类小说,看书存在着局限性和肤浅性。初中生的阅读取向应更深更广一些。怎样把学生的浅阅读延伸到深阅读,泛阅读发展到精阅读呢?

我们特地请来了上海师范大学教授、中国作家协会会员、儿童文学家梅子涵先生。在学校开展了签名售书和推荐好书的活动,让学生与大师交流。学校购买了梅子涵先生推荐的《动物与心灵成长国际大奖丛书》六套,每套十五本,放在图书馆供学生在阅读课阅读。由此我们开展了梅子涵推荐书目的专题阅读活动,在阅读课期间要求同学们针对这一系列的书籍进行阅读。三周内至少完整阅读一本书,在阅读中有摘抄、有心得;第四周我们为每班同学开展一节关于怎样写读后感的写作课;第五周利用一节课时间请每位同学撰写一篇关于这套丛书的读后感;第六周对获奖作品交流、张贴、奖励、收藏。

在此次阅读活动中,我们做到了有的放矢,坚持专题阅读、专题写作、专题指导,其宗旨是在读和写中感悟心灵的美好。"写"和"读"是联系在一起的,"读"当然可以推动"写",这就是人们通常所说的"劳于读书,逸于作文";但"写"同样也可以进一步推动"读",所谓"困于写作,勤于读书"。的确,学生在阅读中,有比较、有思考、有交流、有共鸣,所以在写作中就能做到有话可说,有感而发。在阅读中体会书中故事所流淌的纯真情感,天然生趣;在感受善良、真诚、勇敢、坚强的同时滋养学生自然天成的本性,以爱传爱。我们利用阅读课,根据学生的认知度,选择适合他们年龄的专题书籍,引导学生主动参与,培养独立写作的能力,解决成长中所遇到的烦恼,培养真善美情感和健康向上的心理。

三、特色阅读活动推动个性发展

组织开展特色阅读活动是图书馆阅读课的又一重要类型,同专题阅读活动有许多相同的功能作用,同时又具有将阅读活动同其他实践活动相互融合的特点,因此具有培养学生更广泛的社会实践能力的功能作用。

在阅览室有一排书架专门展示世界名家名画,学生很喜欢看这些色彩斑斓的画册,但苦于画册厚重无法借阅,数量不多也无法满足学生的需求。于是我们图书馆与美术老师协作,利用阅读课带领学生来到学校附近的梅尔尼科夫美术馆,开展了一次"偷得浮生半日闲,春燕恋画入邻家"的美术欣赏活动,充分利用其现有馆藏中世界级大师的作品为青少年接受艺术熏陶提供平台。

带着好奇和愉悦的心情,同学们与俄罗斯大师的美术作品来了一个亲密接触。这是一个难得的机会,不仅得到美术专家对如何观察作品的指导,还能真实地面对这些艺术真品,仿佛身临其境,使思想融入美的氛围当中。有的同学对作品赞不绝口,有的兴奋地与画作合影留念,还有的亲笔写下自己的感言。一幅幅色彩斑斓的油画,令人陶醉。同学们说:"虽然有些还欣赏不了,但也感觉到艺术家们在画中倾注了极大的心血,任何美好的东西都是来之不易的。"我们在美术馆停留的时间不多,但馆内浓厚的艺术气息久久地围绕着我们,令人回味。通过此次实践活动,不但培养了学生对美术作品的认知和鉴赏能力,而且使学生以更积极向上的心态投入学习当中。这对学生热爱艺术、热爱生活、热爱生命具有非常重要的意义。

另外,为纪念上海工人第三次武装起义 90 周年,图书馆在馆内摆放了 17 块"纪念中共早期领导人赵世炎牺牲"的展板,供学生参观。历史老师利用阅读课结合课本给学生开展了一堂生动的讲座,学生通过栩栩如生的画板了解了历史知识,增强了爱国主义精神。

图书馆不是独立的,它是课堂教学的延伸与扩展,它潜藏的文化底蕴具有课堂教学所无法涵盖的博大与精深。所以我们要有开拓精神,利用我们的优势培养学生各方面发展,办的有特色、有个性。

四、在阅读课中培养良好的阅读习惯

培养良好的阅读习惯,并不是独立的阅读课的类型,而是贯穿在上述三类阅读课模式中的基本的目标要求,是图书馆阅读课的重点目标之一,反映了图书馆阅读课的特殊功能作用。

每位学生在阅读中的行为代表他的素质,每堂阅读课的秩序保障着阅读的质量。所以学生在阅读课中都要做到三净:手净、桌净、地净。不带走馆内图书,不在桌面上乱画,不把垃圾留在地面上,培养每位学生自我管理能力和公共卫生意识。同时每个班的图书管理员负责为同学借还图书,每位同学阅读中也要遵守原书原位规则,培养同学们主人翁意识,以保障阅读课秩序的良性发展。

通过阅读课,平均每位同学一年内可以阅读二十余本书,大大提高了学生阅读质量与数量。同时在写作活动中若发现好苗子,便推荐他们参加征文比赛,本年度我校获奖人数达六十余人。本学期我们还开展了英文原版书的阅读活动,让同学们通过制作英语小书、英语小报的方式提高学生的英语阅读量。

当今这个世界竞争日益严峻,我们必须不断学习知识、发展能力、提高修养,才能与时俱进。阅读能力是终身学习的基本能力,作为阅读老师,我们要为学生打开这道门,在阅读指导中有放有收,有面有点。不束缚学生的个性,也不任由发展。注重专项提高,探索主题研究,力图通过各种途径在阅读中培养学生的情感,开掘学生的心智,锻炼学生的思维。读书是人类进步的阶梯,让我们一起阅读,一起进步!

参考文献

[1] 上海市教育委员会.上海市中小学语文课程标准(试行稿)[M].上海:上海教育出版社,2012.

[2] 刘淑玉.中学图书馆开设语文阅读课的体会[J].中小学图书情报世界,2004(10):40-41.

[3] 范锦泉.新课改,新理念,新目标——图书馆配合语文阅读课开展课外阅读指导的思考和策略[J].中小学图书情报世界,2007(4):41-43.

关于小学图书馆与
学生阅读兴趣的思考

上海市静安区威海路第三小学　桑燕敏

摘　要： 本文基于图书馆工作实践，从学校图书馆的入馆教育、环境美化、优化馆藏、优质服务、阅读指导与阅读推介等视角，对激发小学生阅读兴趣进行了多维的思考。

关键词： 小学图书馆　学生　阅读兴趣

一、引言

阅读可使生活变得丰富多彩、亦可使学习变得乐趣无穷。但是，由于受到学业压力、影视作品及其他娱乐方式等众多因素的影响，小学生能静下心来阅读的时间很少，对阅读的兴趣不浓，体验不到阅读带来的快乐。

兴趣是阅读的先导。有了阅读的兴趣，孩子们就犹如蜜蜂采蜜时寻找花香一般，寻觅阅读机会，会积极主动去阅读，并从阅读中得到知识，经历欢愉的情感体验。而小学图书馆可以通过各种形式的阅读推介与环境营造，激发学生的阅读兴趣，培养学生的阅读能力，提升学生的阅读体验。

二、入馆教育与学生阅读兴趣

入馆教育，指对小学新生进行的有关利用图书馆方法，检索文献资源以及提高阅读能力的专题讲座[1]。小学阶段是学生利用图书馆进行自主学习的"黄金时期"，对学生开展行之有效的图书馆教育活动，是学校图书馆的重要任务之一。入馆教育是图书馆读者教育的重要组成部分。教师精心上好入馆教育课，对学生阅读兴趣的培养有着深远的意义[2]。刚进小学的一年级孩子大多数没有进过正规的图书馆。他们对于学校图书馆充满了好奇甚至觉得神秘。在学生开始借阅之前,对孩子进行入馆教育,有助于将学生吸引到图书馆,对阅读产生兴趣。图书馆有这么多的书,如何才能寻觅到自己需要的书? 书背上的标签起什么作用? 这些都能在入馆教育中得到答案。入馆教育是给学生一把打开图书馆的钥匙。有了这把钥匙,学生就可以在图书馆尽情地阅读各类图书,在知识的海洋中畅游。

入馆教育主要有三项工作。第一,组织学生参观图书馆,在参观的同时向他们介绍图书馆的布局和借阅规则;第二,给学生开设利用图书馆讲座,具体讲解在图书馆的陈列书架的分类,如何在分类的书架上找到自己需要的书,如何利用图书馆的借阅软件借还图书;第三,引导学生尝试图书借阅,老师仔细观察,及时发现孩子们在借阅时的困难,帮助他们顺利地借阅图书。通过入馆教育,给予学生打开学校图书馆的钥匙,使学生体验顺利借阅图书的愉悦。同时把新生入馆教育做成网络专题宣传片,放在校园网的醒目位置,便于家长浏览,也便于家长指导自己的孩子更快地拥有利用图书馆的能力。

三、环境美化与学生阅读兴趣

图书馆环境包括图书馆的环境布置和阅读氛围。图书馆环境布置美化指的是馆内的设计与布局应体现人性化视角,让读者在温馨的环境中获取知识。美好的环境布置在阅读过程中起了极为重要的作用,一个良好的阅读环境会引起孩子们阅读的兴趣,调动他们阅读的积极性。因此,图书馆的环境布置是吸引学生进入图书馆的一个不可忽视因素,要激发学生静心阅读的兴趣,就要为学生创造一个富有童趣、舒适优雅、温馨方便的环境,使学生感觉像在家里一样。学生走进图书馆觉得安静、舒适,是一个可以静下心来读书的地方。

学校图书馆可以在馆内摆放花草盆景,让学生在学习的间隙欣赏与体会美的享受;可以在图书馆的壁柱上悬挂名人名言,让这些话语时刻激励学生努力学习、净化学生的心灵、陶冶学生的情操、激发学生的想象空间,为学生创造身心舒适的阅读[3];可以实行全天候开放与开架借阅,使学生能够自由地选择需要的书籍,无拘无束地在图书的海洋中畅游,身心欢愉地阅读。使学生在美丽、安静、富有童趣的环境中流连忘返。

四、优化馆藏与学生阅读兴趣

图书馆馆藏是指图书馆收集的各种类型文献资料的总和,简称馆藏或藏书。馆藏是图书馆赖以存在的物质基础,是满足读者需求的根本保证,也是与一定时期的文献生产和使用方式紧密联系的。现代图书馆收藏的文献资料包括图书、期刊、政府出版物、小册子、学位论文、报告、照片、电影片、幻灯片、唱片、录音磁带、美术作品、缩微文献、计算机可读资料等[4]。图书馆馆藏是学校图书馆赖以实现其服务读者、传播知识的基础和保障。尽管电子文献资源日益占具越来越重要的位置,但对于小学生来说,纸质图书仍然是学生阅读的首选,是小学图书馆实现其服务师生的最主要服务项目[5]。优质的馆藏图书是吸引学生到图书馆的基础,因此,小学图书馆应根据自己学校特点与学生阅读心理,在订购、采购书刊前,广泛征集学生的意见,寻找学生阅读的热点,精选适合本校学生阅读的精品图书,不断优化馆藏,形成有重点、有特色的藏书体系。

在图书馆开展借阅服务过程中,我们经常发现学生喜欢看"寻宝记"之类娱乐性强的、内容稍浅显的图书。对于这些同学,他们也有着浓郁的阅读欲望,我们不能简单地否定他们。相反,在馆藏中应当配置"寻宝记"这类的图书,把他们吸引到图书馆,给予他们阅读的自由,再抓住时机,巧妙引导,进行迁移,引导他们扩大阅读面。因此,小学馆藏图书中不仅要配备经典书籍,还要配备热门书籍,要有适合低年级学生阅读的内容浅显的注音读物,也要有具有一定深度,蕴含哲学思维的著作;有轻松愉快的娱乐小说,也要有介绍专业知识的读物。小学图书馆的馆藏图书既要能满足学生的课外娱乐层面的需求,又能满足学生精神层面的追求。图书馆的馆藏图书能够吸引学生,学生的阅读兴趣就会高涨。

五、优质服务与学生阅读兴趣

图书馆服务是图书馆利用馆藏和设施直接向读者提供文献和情报的一系列活动,有时也称图书馆读者工作。原则是"读者第一"、"用户至上",一切从方便读者出发,对不同类型的读者提供有区别的服务[1]。学校图书馆服务应该以学生为中心,学生满意才是图书馆服务的基础。这种以学生为中心的服务精神,是推进学校图书馆服务的基本要素[3]。

小学图书馆老师要对学生提供优质服务,必须建立"以孩子为中心""一切为了学生"的新的服务理念。热情接待每一位前来借阅的同学,对他们的询问做到有问必答,尽最大可能满足他们的要求,让学生到学校图书馆犹如到家的感觉。除了在图书馆内提供优质服务,还可以在学校读书长廊上摆放各类图书,供学生课间阅读。在读书长廊的橱窗里每月配合学校德育主题推荐一次新书,引发学生阅读兴趣。

六、阅读指导与学生阅读兴趣

阅读指导是通过对学生的指导,帮助学生确定一个合适他们的阅读计划,有效开展阅读的过程[6]。通过阅读指导,使学生学会了阅读的方法,体验到阅读带来的快乐,提高阅读的兴趣。小学生的课外阅读方法大致可以归纳为三类:一是品味性阅读,这个方法主要运用于名篇名著和其他文笔优美的优秀作品,如冰心奶奶的《寄小读者》,需要静心细读,欣赏好词佳句,体会立意构思,揣摩布局谋篇,细嚼慢咽,把书中的精华变为自己的知识营养。好书籍需要反复多次地阅读,熟读成诵;二是吸收性阅读,以了解读物中所表述的知识为目的的阅读称为吸收性阅读。这个方法主要运用于知识性读物,如《可怕的科学》系类读物,这类的书籍不是语言优美的篇章,不适合背诵积累,也不能追求快速领略大概,而是要明白每个知识点,并在理解的基础上记忆;三是随意性阅读,通过随意地浏览,知晓主要内容,这种阅读方法可以在最短的时间内获得大量的讯息。

学生获得最佳阅读效果的前提是掌握科学的有效的阅读方法。为此,学校图书馆每周可以为低年级和中高年级各开设 2 节阅读方法指导课。学校图书馆指导学生阅读时要求学生边阅读边摘录,养成读后写体会的习惯。孩子们在阅读的同时摘录书中优美的词句、精彩的描写、生动的对话;记录自然科学的知识或趣闻、名人名言等。告诉同学们在阅读时做到"眼到、心到、手到",要求不懂就问,善于思考。课外阅读要和"说话""写作"紧密结合。同时,课外阅读要做到持之以恒。鼓励学生读完好书后,及时把自己的感想、心得体会写成读后感。图书馆的老师可以把同学写的读后感布置在学校阅读长廊上,展示在全校师生面前,使学生在获得阅读的成功体验中进一步激发阅读兴趣。

七、举办活动与学生阅读兴趣

阅读推介是图书馆的天然职责和重要工作内容。学校图书馆也不例外。

为了在学生中更有效地进行阅读推介,建设良好的校园阅读文化,很多学校图书馆已经进行了有益的实践探索[7]。比如:有的学校图书馆常年举办各种主题、丰富多彩的读书活动促进学生阅读兴趣的增长;有的学校图书馆经常配合学校其他部门的主题教育,联合举办各种形式的图书阅读活动。有的学校图书馆组织学生社团,开展美文诵读,对学生进行朗读培训、纠正同学们的读音,还向同学们介绍作者和作品的背景、内涵,帮助同学理解作品,体会作品的特点,准确地把握朗读时的感情,使诵读的同学感情充沛,语调抑扬顿挫。图书馆举办的阅读推介活动,使书香飘逸整个校园,培养了同学们追求美、欣赏美、展示美、歌颂美的情操,激发了学生争先恐后地到图书馆借阅活动推广的书籍,使学生阅读的兴趣得到了提升。

八、结语

阅读是运用语言文字来获取信息,认识世界,发展思维,并获得审美体验的活动。它是从诸如文字、图片等视觉材料中获取信息的过程,是由阅读者根据特定目的加以调节控制,陶冶情操、提升修养、吸收知识、鉴赏作品的思维过程。

小学生是阅读兴趣养成与阅读能力培养的重要阶段。而小学图书馆通过开展入馆教育、美化图书馆环境、优化馆藏资源、提供优质服务、进行阅读指导、组织阅读推介等途径,可以激发孩子们的阅读兴趣,以图书馆为书房,与好书为友,真正体验到阅读带来的快乐。

参考文献

[1] 图书馆服务.百度百科.https://baike.baidu.com/.

[2] 马建备.小学图书馆对学生进行入馆教育的思考[J].浙江教育技术,2016(05).

[3] 李爽.构建和谐的图书馆服务文化　提升优质的服务水平[J].白城师范学院学报,2014(03).

[4] Richard K. Gardner. Library Collections:Their Origin, Selection and Development [M]. New York:McGraw-Hill Companies,1981.

[5] 刘华,万燕萍.对高校图书馆馆藏评估与优化的思考[J].大学图书馆学报,2008(06).

[6] 周恩妮,赵俊玲.美国公共图书馆阅读指导服务发展历史研究[J].图书馆杂志,2016(12).

[7] 刘雅琼,张海舰,刘彦丽.创意为先,实效为王——北京大学图书馆阅读推广活动的案例研究[J].大学图书馆学报,2015(03).

重视校园阅读,提升校园文化品位

上海外国语大学苏河湾实验中学　陈燕芳

摘　要:文章认为,学校的发展,文化先行;学生的成材,知识和能力背景至关重要。学校图书馆是学校传播文化信息,向师生提供精神食粮的重要阵地。着重论述了要重视校园阅读、提升校园文化品位,重视学生的阅读体验、营造温馨舒适的图书馆氛围,促进学生的主体性发展、充分推广阅读建设,开展丰富多彩的课外活动、促进学生个性发展的经验与方法。

关键词:校园阅读　校园文化　学校图书馆

上海外国语大学苏河湾实验中学在 2012 年 6 月 16 日由上海市政协主席冯国勤揭牌成立,是一所由上海外国语大学与闸北区人民政府合作创办的学校。学校以"外语突出,文理并重"为特色,依托上外优势团队的通力合作,打造精品教育,培育一流学子,提升苏河湾区域的品质和整体价值。"把精彩告诉世界"是学校秉承的教育理念,欣赏每位学生是学校的基本价值取向,发展每位学生的个性是学校的基本育人目标。学校的发展,文化先行;学生的成材,知识和能力背景至关重要。学校图书馆是学校传播文化信息,向广大师生提供精神食粮的重要阵地。近两年来随着学生的不断增多,校领导十分重视图书馆的建设,学校图书馆的读书工作也在不断深入地开展着。学校注重在校园中营造"书香伴我成长"的和谐读书氛围,"多读书、读好书"已成为我校全体师生的自觉行为。

一、重视学生的阅读体验,营造温馨舒适的图书馆氛围

在犹太人的家庭里,有这样一个传统:孩子出生后不久,母亲就会读《圣经》给他

听,而每读一段后,就让孩子去舔一下蜂蜜。当小孩稍微大一点时,母亲会在《圣经》上滴一点蜂蜜,然后叫小孩去舔《圣经》上的蜂蜜。这些举动是为了让孩子懂得书甜如蜜——不仅知识本身是甜的,获取知识的过程也是甜的。因此,为学生营造舒适温馨的阅读体验,对激发学生阅读兴趣,培养学生良好的阅读习惯有重要意义。

我校图书馆在规划之初,便充分考虑到环境对教育的重要影响。学校领导很重视图书馆的建设,确立了"格局宁静致远,布局温馨怡人"的设计思路。在建设新馆时经再三考虑,将校园朝东的一座两层的小楼作为图书馆馆址,从而保证图书馆宁静安谧的环境。

为创设人性化的阅读空间,馆内环境设计以浅蓝为底色,以柔和为基调,从色彩、灯光、温度、声音等各方面为师生营造清心明目的感觉。配以白色的墙壁,蓝白两色的窗帘,格调高雅。一走进图书馆大门,迎面而来的便是圆弧形的书架,书架上放满了一本本的书籍,使学生踏入图书馆就有一种浓厚的读书氛围,提醒学生要畅游书海,不断向上。图书馆的墙壁张贴了以"书海拾贝"为主题的交流墙,一张张便签纸上记录着学生的读书心得,这也成为上外苏河湾图书馆一道独特魅力的风景线。

二、促进学生的主体性发展,充分推广阅读建设

(一)社团特色,蓬勃发展

我校是外语特色学校,从培养学生的语言特色为出发点,学校也配备了不同语种的外语书籍有 700 余册,专门设立了外语书籍的书架,保障了英语活动节的顺利开展。在图书馆二楼还特别配备了电脑及录音器材,方便师生配音录制节目等活动的需要。

在英语节中,图书馆配合外语组的老师开展活动,比如:圣诞节等大型英语节活动,图书馆都会与英语组协作,活动有什么需要的书籍,英语节上要演出的英语童话剧的书本等等,图书馆都会尽最大力量帮助他们找到,保障活动开展的丰富多彩。

(二)多彩文化,尽显才艺

读书节上,我校开展了以"采撷书海　品味文化"为主题的读书节活动,根据活动的主题,图书馆制定了相关的读书目录,提供给学生选读。整个活动中,以班级为单位出一期相关主题的黑板报、在班级设立好书漂流角、自愿让学生撰写一份读书笔记、评选出我校的读书小明星等活动,通过读书节的活动激发学生对阅读的兴趣,从而促进我校文化底蕴的培养。

三、开展丰富多彩的课外活动,促进学生个性发展

(一)成立"印迹"读书会

学校图书馆在校长的大力支持下,在激励学生多读书、读好书方面下了一番功夫。通过"读、写、讲"等形式,调动学生读书的积极性,培养学生的创造性的思维能力。学校在初二年级语文老师的带领下成立的名叫"印迹"读书会,周五放学后,会员到图书馆来开展读书会的讨论活动。学生在读书会的活动中学到更多的知识,通过自己的实践把课外知识与课本知识结合起来,提高自己的学习兴趣。

(二)积极参与读书活动

读书活动为学校的校园文化增添亮点,我校已经连续两年参加了市、区组织的读书征文活动,结合学校的实际情况,积极组织学生参加各项征文活动。图书馆采集相关图书,为学生推荐书目,供学生在征文活动中阅读。在参加的这两年时间里我校的学生也获得一些成绩。"2013 年上海市中小学生暑期读书系列活动"中,共有 10 名同学分获一、二、三等奖及优良、优秀奖,获奖人数占当年学校学生总人数的三分之一。而我校的陈贝妮同学所写的题目为《我的书,我的中国梦——读〈麦田里的守望者〉有感》征文还被收入进《我与中国梦——2013 年上海市中小学生暑期读书系列活动获奖作品选》里。这些荣誉的获得,离不开平时学生课外阅读,从而也进一步培养了学生读书兴趣和探求未知世界的欲望,提高了学生的文化素质。

四、提供平台,服务教师活动

我校青年教师比例较高,学校非常重视青年教师的培养和发展工作。图书馆与学校教工团牵头,定期在图书馆举办青年教师读书沙龙活动。青年教师根据自己的个人兴趣和学科情况确立读书主题,在深入阅读书目的基础上撰写读书报告和读书心得,并在每月的读书沙龙活动中交流思想、倾听经验。通过一段时间的读书活动,教师中也逐渐形成了"工作之余不忘读书""研修专业努力精进"的学习热情,同时也促进了青年教师间的沟通和交流。

学校还在图书馆阅览室装上 30 M 的宽带,设置 4 台电脑可以上外网,添置了录音设备,能够及时收录或编辑辅助教学的音响、影像资料,满足了老师们在课件制作上的一些需求,真正为教学一线解决了急难事;我们又将阅读区调整一新,布置得温馨而雅

致,有沙发可供午间休息,有咖啡糕点可供品尝,让教师工作之余有适当放松身心、调整状态的环境和氛围,充分让图书馆发挥一室多功能的作用。

最后,借用莎士比亚说的话:"书籍是全世界的营养品。生活里没有书籍,就好像没有阳光,智慧里没有书籍,就好像鸟儿没有翅膀。"我校以图书馆为平台,将通过开展各类读书活动,夯实知识基础,丰富知识结构,拓展阅读视野,渗透人文精神,在全校掀起"多读书、读好书"的阅读热情,为全面推进我校"把精彩告诉世界"的办学宗旨提供了坚实的智力支持和文化保障。

学生阅读兴趣的培养

上海市塘沽学校　何爱华

摘　要：阅读是教育的核心，是学生以及所有人提升自身素质，提高能力的最佳方式。而兴趣是学生探求知识，认识事物的动力，学校图书馆的读者是学生，是培养学生自主学习能力的主要课堂。文章分析了学生阅读兴趣不高的主要原因，提出了开展读书活动促进阅读、提供书籍做好图书宣传、开辟读书角促进有效阅读时间、创造良好读书环境激发阅读兴趣等利用馆藏资源培养学生阅读兴趣的方法。

关键词：学校图书馆　学生阅读　阅读兴趣

学校图书馆是校园文化最重要的设施之一，读书可以促进学生的全面发展，在培养学生各方面能力上起着不可替代的作用。学校图书馆是资源共享库，有大量的丰富藏书，作为知识信息搜集、整理、存贮和传播的重要部门，应该成为知识创新的重要基地，帮助学生获得相应的知识。运用图书馆，能促使学生在识字、阅读、学习、解决问题和信息交流方面达到更高水平，但有相当部分学生读书非常被动，缺乏阅读的兴趣。找准学生不爱阅读的原因，在现有的条件下充分发挥中小学图书馆馆藏资源，提高学生阅读兴趣，这也是大多数学校图书馆需要解决的问题。

我校是一所九年一贯制学校，学校现在的生源主要以外地户籍的学生为主，这些学生生活、学习等各方面受家庭环境的影响，没养成好的阅读习惯，其阅读兴趣也不高。

一、学生阅读兴趣不高的主要原因

(一) 没有良好的家庭阅读氛围

一个父母从不读书的家庭,孩子也很难体会阅读的乐趣。我校学生大多是农民工子女,家庭环境不理想,父母忙于生计,缺乏对子女学业的关心,更谈不上关心课外阅读了。

(二) 学生的学业任务压力大

学生本身的课业负担较重,大量的习题和考试包围着学生。有些学生的学习成绩较差,缺乏读书的成就感,更是对读书失去了兴趣。

(三) 当前的应试教育唯分论

部分家长和老师比较看重学生的学习成绩,只以分数衡量学生的好坏,且认为看课外书籍是浪费时间,会影响学习成绩,学生的阅读兴趣也就在分数中被扼杀了。

(四) 受新媒体的影响

信息时代各种资源途径丰富,电脑,手机,各种物质对学生的诱惑增大。比起阅读他们更愿意网聊、玩游戏,认为读书费时费力。

二、学校图书馆如何利用馆藏资源提高学生的阅读兴趣

(一) 开展读书活动,促进阅读

给学生创造一个展示和交流的机会,有利于提高学生阅读的兴趣。开展学校读书节活动,根据学生的阅读数量和质量,评选读书之星,予以表彰。通过活动,激发学生读书的兴趣,提高阅读水平,培养阅读能力。

(二) 提供书籍,做好图书宣传

要利用好学校图书馆的丰富藏书,让学生了解图书馆的藏书,要让学生知道图书馆有大量书籍,还用杂志、报纸等丰富的书刊资料,采用全开架的借阅方式,让学生走进书海,让他们能充分接触到书籍,任他们随意翻看,从而激起他们的阅读兴趣。"读书破万卷,下笔如有神"只有多读书才能扩大知识视野,获得更多的知识营养,提高学生的自主

学习能力,让学生学会利用图书馆会使他们终身受益。

(三)开辟读书角,促进有效阅读时间

我们学校的学生大多数是农民工家庭子女,家庭藏书量不多甚至没有课外图书,我校在每个班级设立图书角,并施行专人管理,定期到图书馆更换一批书籍,为学生提供一个读书的机会,提高图书的利用率,在班级间形成一种良好的阅读书籍的学习氛围。课外阅读有助于学生形成良好的道德品格和健全的人格,有助于培养自主学习的良好习惯。

(四)创造良好的读书环境,激发阅读兴趣

在学生阅读初期,重在激发兴趣,中低年级学生喜欢阅读卡通漫画书本,如果一味强调阅读与学习有关的书籍,势必扼杀了学生阅读的兴趣。学生喜欢阅读什么书籍,由他们的兴趣决定,教师不必做太多的干涉,创设宽松的阅读环境,不要让阅读成为一种负担。并在图书馆内外都挂了古今中外名人关于读书的名言,让学生常常受到启发和教育,随时感受到名人名言的激励,诱发学生的课外阅读兴趣。

三、结语

阅读是教育的核心,是学生以及所有人提升自身素质,提高能力的最佳方式。而兴趣是学生探求知识,认识事物的动力,学校图书馆的读者是学生,被誉为学生的第二课堂,是培养学生自主学习能力的主要课堂,在实施素质教育的过程中,它提供给了学生许多课本无法学到的知识,它扩展和延伸了学生课堂学习。学校图书馆要充分利用好图书馆的资源提高学生的阅读兴趣,利用图书馆这片沃土积极调动学生阅读的兴趣,学生的阅读兴趣的提高增长了学生的知识储备。学生通过阅读可以改变自己的人生,培养高尚的情操和健全的人格。

共享阅读好时光

摘　要：静安亲子阅读活动在静安区家庭教育中心的策划与组织下，得到了辖区内各个联盟小学的响应。学校图书馆积极组织师生、家长全程参与，各加盟学校的优质活动创意、方法和资源，让每一个参与者受益匪浅，获得了可喜成果，涌现了许许多多的"书香家庭""阅读之星"，提高了学生读书兴趣，实现了家长和孩子共同阅读与学习、阅读与生活、阅读与成长的融洽。

关键词：亲子阅读　活动组织　阅读兴趣

"静安父子阅读联盟"活动在静安区家庭教育中心陈小文老师的带领下，在各个联盟学校如火如荼地开展着。作为加盟学校之一的我们——静安区第二中心小学也积极参与并投入此项活动中去。此次活动从总体来说成效显著，使每个孩子从不同程度上感受到课外阅读给他们带来的快乐和满足，同时也增进了家长与孩子之间的情感交流。希望今后能在实践中不断总结经验，让孩子们更多地从课外书籍中获益，现对这个活动作一个回顾。

一、积极参与联盟学校的各项活动

从第一站一师附小的"静安父子阅读联盟"的启动，到第二站市西小学的"我们一起读绘本"，到第三站西三小学的"我在读……"，第四站爱国学校的"我的童年我梦想"，以及"静安父子联盟"组织开设的家庭教育讲座、亲子阅读指导讲座、"一片书香"的书签制作和榜单制作、绘本书籍的推介等活动，我们学校图书馆都积极组织师生、家长全程参与，各加盟学校的优质活动创意、方法和资源，都让我们每一个与会者受益匪浅。

二、积极组织学校的亲子阅读活动

（一）加强组织，确保"亲子阅读"活动顺利开展

自从加入联盟学校以后，我校图书馆就积极筹划、组织并开展了系列读书活动，比如，与N项活动"感受阅读的力量"项目体验活动结合起来开展的读书活动，又比如，抓住了"世界读书日"这个契机开展了"校园书香飘万家，父子阅读享快乐"的主题读书活动等等。为了确保"亲子阅读"活动的顺利开展，学校层面成立了此项读书活动的领导小组，由党支部书记孙晓群亲自挂帅。活动开始前，学校德育处、各班班主任、图书管理员共同商议，确定了"亲子阅读"活动的指导思想和主要内容，图书管理员再依据指导思想和主要内容制定关于此项读书活动的相关方案和措施，并由班主任和图书馆负责具体落实。活动开展不久，全校便形成了共创书香校园、书香家庭的良好氛围。

（二）做好宣传，发动家长积极参与

活动开展之初，为了让学生和家长认识到"亲子阅读"活动的意义，让他们能积极参与进来，成为学校阅读俱乐部的会员，我们首先在周一的升旗仪式上进行了主题活动的启动仪式，展示了图书馆与美术室共同设计和制作的"亲子阅读"俱乐部的会标，并作了翔实的介绍说明。然后利用校班会课再次对全校学生进行了动员，布置了各项工作，并给家长们寄发了《父子共读倡议书》，呼吁家长与孩子共同阅读。倡议书的主要内容是：为孩子建立温馨、舒适的阅读环境，建议在家中辟出一块读书区域，建立一个家庭图书架，添置一些好书，每天抽出20～30分钟的时间与孩子共同阅读，父母与孩子间要相互督促，并定时向自己所在的班级推荐好书，以保证学生的课外阅读时间。看了《父子共读倡议书》，家长们积极响应，纷纷承诺，满怀信心和期盼地报名参加阅读俱乐部，成为学校阅读俱乐部的会员。

（三）精心策划，班级建立读书评比栏

为了使亲子阅读活动有实效性，扎扎实实地蓬勃开展起来，全校每个班级都开展了读书评比活动，专辟了一块"阅读专栏"，来发现好书、推荐好书、记录阅读心得，还制作个性化书签和读书榜单，撰写"家庭阅读小故事"，通过这些活动大大激发孩子们的读书兴趣。家长们也在家中定时、定地亲自陪孩子读书，父子间相互陪伴，相互督促，活动开展下来，几乎每个家庭都成了"书香型家庭"，也涌现了许多"阅读之星"和"书香少年"。

活动中孩子们读得认真，家长们读得入神，一张张个性化书签，一个个"亲子共读的温馨画面"，一份份"读后感"，一篇篇"家庭阅读小故事"，一本本"家庭阅读活动记录册"，真实地记录了孩子与家长共同阅读的好时光。

（四）"亲子阅读"，活动成果喜人

"我向世界说中国，争做中华好少年！"这是我校本学年的行动口号，我们图书馆也适时地推荐了一批中华经典书籍给学生，如《三字经》《千字文》《弟子规》《增广贤文》……让学生与父母共读，一些学生已经能把书中的内容比较熟练地背诵下来了。为此，我们把《三字经》编成了一个节目，以舞蹈、吟唱的形式诠释出了古典经典文化的魅力，在学校的读书交流中进行了展示。另外，我们一、二年级的学生还通过剪报的形式把阅读中新认识的字收集起来，制成阅读卡片，既巩固了认字，又提高了学生的阅读兴趣。在寒假的亲子阅读过程中，家长们用镜头记录了一个个亲子共读的温馨画面，它增进了家长和孩子之间的情感交流，也为孩子的成长留下了美好的回忆。我们还结合学校的特色——科技特色校，与科技组联手向学生家庭推荐阅读科技书籍，同学们和家长们在感受科技无穷魅力的同时，也写下了一篇篇读后感言。

三、亲子阅读的效果

"亲子阅读"活动轰轰烈烈地开展至今，涌现了许许多多的"书香家庭""阅读之星"，我校的严煦如、陈映任、朱怡婧、黄玉葶、钱佳怡、吕中天等同学纷纷在市区各级各类的阅读和征文活动中获奖，家长和孩子们都说，亲子阅读不仅在孩子的每一步成长过程中占有举足轻重的地位，而且也已成为我们家庭日常生活中不可缺少的一项特殊的娱乐活动，我们和孩子从中双双收益，真是"阅读悦读，越读越乐啊！"

四、结语

"亲子阅读"活动的开展，真真切切地营造了良好的读书氛围，调动了学生的读书积极性，提高了学生的读书兴趣，做到了家长和孩子共同阅读与学习、阅读与生活、阅读与成长，相信这样培养出来的亲子感情将因共同的温馨回忆而变得更加密切和美好，而书香飘溢的家庭，也定会更有内涵、更有发展，将会开出更灿烂的阅读之花！

第三篇 图书馆建设

试论学校图书馆的布局创新

——以上海市市西中学图书馆为例

上海市市西中学　周　瑾

摘　要：传统图书馆布局存在着诸多的局限性。市西中学图书馆在布局创新实践中，形成了图书馆区、思维广场和新型学习空间三个区域，有效实现图书馆空间功能的转型升级。该布局创新具有六大特点：半封闭空间与开放空间相结合、核心区域与分布区域相结合、图书阅读和课程教学相结合、个性化学习和人性化管理相结合、硬件配套与环境建设相结合、信息化学习与信息化管理相结合。

关键词：中学图书馆　图书馆布局　学习空间

学校图书馆是学校的重要组成部分，它对学校教书育人以及学校的发展起着十分重要的作用。它的服务对象主要是教职员工和全体学生，在这个特定的读者群体中，又以学生读者为主体。学校图书馆建设，在保留社会图书馆的功能基础上，更应该着眼于学校的特色和学生的发展，而图书馆空间布局的合理与否，会直接影响学校图书馆功能的发挥。

一、传统图书馆布局的局限性

传统的图书馆，大多是按藏、借、阅、管四大空间进行布局的。馆内室与室、库与库之间用墙体分割，每个库室相对独立，很难相互变通，其最大不足是把藏书和读者分隔开了，读者从入馆到借到所需的图书，往往需要经过一个烦琐的过程，严重地影响着图书的流通效率。传统图书馆阅览室里，桌椅书架排列整齐，行事风格单一。阅览空间区域连片划一、缺少变化,故而显得呆板,缺乏个性化的考虑,难以体现人性化的要求。许多图书馆单独设置的电子阅览室,也只能算是传统与现代的简单叠加,虽便于管理,但不利于读者使用。传统的图书馆一进馆就必须保持安静,因为大多没有设置相对独立的讨论区域,不利于读者之间开展适当的交流与讨论,亦无法适应当今学生进行研究性学习、合作学习的需求。

教育教学改革呼唤新型学习空间。为了顺应形势,适应学校图书馆不断发展的功能要求,图书馆的空间功能已从传统的以藏书为主发展到为读者提供学习空间为主,这使得空间成为一种服务资源。学校图书馆空间布局须重新规划,各区域功能、面积、空间结构、管理方式都应依据学校师生的需求做出相应改变。在图书馆馆舍空间价值不断凸显的形势下,要充分发掘和利用这种价值,了解读者空间需求,实现以空间为中心的图书馆布局,体现"以人为本"的服务理念,有效实现图书馆空间功能的转型升级。

二、市西中学图书馆的布局创新实践

在学校图书馆空间布局建设中,除了对图书馆功能要进行再认识以外,更加应该着眼于学校的特色和学生的发展。使图书馆成为彰显现代教育理念、落实教育行为的场所;使图书馆成为构建学校特色发展,促进教学改革的场所;使图书馆成为助推教育信息化,接轨信息社会的场所;使图书馆成为面对教育热点问题,探索实践突破的场所。

在市西中学图书馆布局创新实践中,形成了"大图书馆"理念,具体分为三个区域。

(一) 图书馆区

面积1 023平方米,位于好学力行楼一楼层面。保留了传统的书库区、阅览区、办公管理区等,增设了信息发布区、分享讨论区、视听区、多媒体查阅区等。没有单独设置电子阅览室,而是将电子阅览与纸质阅览相融合,方便读者使用。面向我校国际部师生,开设了国际课程图书借阅区。

(二) 思维广场

面积880平方米,位于传家楼一层和二层。思维广场在空间布局上突破了传统教室里桌椅排放、学生排排坐的布局,在上下两层相通的物理空间里,构建了6个大小各异的讨论室,和由各种不同色彩、不同形状、不同功能的座椅、沙发、茶几、圆台等自由移动、随意组合形成的休憩、阅读、学习、讨论的自由空间。这些讨论室大都由玻璃分隔,既看得见又隔音好。每个讨论室都精心取名:"鹿鸣""知本""致知""衡虑""凝兰""敦行",蕴含了丰富的文化内涵。讨论室内,不仅安装了投影设备、高清电视屏幕、蓝牙笔使用系统等,而且四面的玻璃墙体也成了学生涂鸦的黑板。思维广场除了6个讨论室外,则是全开放的学习空间。有随处可取的大量书籍和期刊,有电子英汉词典,有可以一次性同时充电的45台平板电脑,有近30台台式电脑,有畅通的无线上网环境。

(三)新型学习空间

面积880平方米,坐落在力行楼2~7层的各层面大厅,与教室走廊相通。每一层大厅都摆放了可以自由移动、三五成群的沙发和桌椅,以及可以随时取阅的开架图书,还配置了电脑和查询机供学生即时查阅。这是个自由度最高的全开放新型学习空间,整合了自由交流和自主阅读的功能。在这里,学生可以休息、自修、上网、阅读,构建自己个性化的学习进程与安排;新型学习空间的开放区域能为学生自发组织学习提供空间;可以有小范围的师生互动学习课程,诸如个别化答疑、论文或课题指导、德育心理疏导等,都可在这样一个相对舒适又安静的区域来进行;可以有较大范围的讨论课程,如很多即兴的或是短小的团队讨论活动。在新型学习空间,只要搬动桌椅,分割成相对封闭的一个空间,一场讨论、会议就可以进行了。

三、市西中学图书馆布局创新的特点

(一)半封闭空间与开放空间相结合

半封闭空间主要指各个讨论区,半封闭空间与开放空间相结合为学生选择性学习、独立学习、自主学习、合作学习、讨论式学习、研究性学习创造了条件,形成场地开放、时间开放、书籍开放、工具开放、讨论开放新格局。半封闭与开放空间的结合,为学生"以自己的方式学习""以适合的环境学习"提供了选择。学生根据学习任务单,通过查找图书、互联网搜索等方式来获取相关资料,依照预约场次进行分组讨论,还可以自由组合进行专题辩论。教与学方式的改变,促进了学生思维的深度碰撞,增加了师生交流、生生交流的频率。

(二)核心区域与分布区域相结合

图书馆新格局体现了"学习无处不在"的思想,顺应了现代社会"碎片阅读"的节奏,提供了"随时学习、随地学习"的需求。图书馆新空间也为教研组活动和教师培训提供了良好空间。舒适的环境,先进的多媒体设备,方便快捷的信息条件,使图书馆成为各教研组研讨活动、专题会议和教师培训活动等的首选之地。据不完全统计,2014年以来,在图书馆开展的IB国际课程的教师培训活动已经超过了110次,各学科组在图书馆中组织的教研活动超过了140次,图书馆内的教学观摩活动超过了60次,包括全国范围的大型教学展示研讨活动3次。

(三) 图书阅读和课程教学相结合

图书馆可以承担课程的开设,可以成为"预约学习"的场所,可以提供免修学生自主学习的条件。讨论室、报告厅、涂鸦黑板等的设计体现了阅读和教学相结合的需要。如今,社团课程、研究型拓展型课程、语文阅读课程、微型讲座课程等已经成为学校具有活力的校本课程。图书馆利用新馆为校本课程的实施提供了场地和资源。利用图书馆宽松的讨论空间,开展阅读沙龙,为学生个别化阅读的交流提供空间,营造温馨的读书氛围。图书馆还协助教育管理部门,为免修学生开放了图书馆空间、思维广场和新型学习空间,因其空间环境的多功能性、风格的多样性、学习资源的多重性和学习时间的开放性,成了免修生的好去处。思维广场还有翻转课堂、讨论式课堂以及发布论题式的辩论课堂。目前课程安排的频度,已经达到了每周20课时,学科涉及了语外政史地五门学科。

(四) 个性化学习和人性化管理相结合

个性化教育是现代教育的重要标志,不仅需要内容、方法、场地、时间等保障,还需要注意心理、生理、环境等因素的协调。火车座、小圆台、长沙发等家具的设计,则从人性化管理的角度,体现着对学生的个性化学习的尊重。大部分学科在思维广场开展了教学活动,实现跨学科、跨班级的"自主+讨论"模式,学生可以自主选择学习方式,自主选择学习时间,享受个性化学习。而在非上课时段,无论是中午还是放学后甚至是课间休息时段,任何一位学生都可以利用IC卡刷卡进入思维广场,根据自己的需要选择适合的学习区域,充分利用思维广场的环境及资源开展自主学习。

(五) 硬件配套与环境建设相结合

硬件配套包括家具配套、设备配套、学习工具配套等。环境建设方面,则从绿色植物、墙面设计、色彩搭配等多方面营造良好的氛围。实现了图书全开架、借阅一体化管理。师生的进馆与借阅记录均通过 IC 卡—一卡通管理系统,为学生数据平台提供了数据保障,实现了图书馆管理系统与校园网的无缝链接。

(六) 信息化学习与信息化管理相结合

建设网络环境、预约学习系统、预约查询系统及一卡通管理系统,打通了图书系统和校园网的传输系统,打通了图书馆系统和学生数据平台的连接。鉴于图书馆信息化管理水平的发展,图书馆正开始对学生的阅读习惯、阅读行为等进行记录和统计,并延伸到学生的学习习惯、学习行为等相关内容,为学生综合评价的多元性、客观性、准确性提供支持。正是由于图书馆安全舒适、功能整合的特殊空间环境,为学生在学习空间和学习时间上提供了丰富多样的选择。而这种选择又使学生在自尊、满足、获得等方面感受到了成就,更加激发了他们学习的主动性。这些学生的阅读与学习轨迹的记录,为学生图书馆活动相关情况的积累,奠定了基础。

市西中学图书馆的布局走出了一条新路,其创新效能正日益体现,这个成功创举既有效发挥了学校图书馆功能,又必定会引发新的学习变革。

参考文献

[1] 董君武.空间引发的学习变革:上海市市西中学"思维广场"解码[M].上海:上海教育出版社,2016.

小学图书馆建设新探

上海市闸北成功教育实验小学　姚怀红

摘　要：上海市闸北成功教育实验小学图书馆从绿色设计、智能管理、多元课程、多样活动四方面入手，探索小学图书馆建设的新道路，使图书馆从传统的"第二课堂"转变为最受师生喜爱的"第一课堂"。

关键词：小学图书馆　图书馆建设

上海市闸北成功教育实验小学图书馆是一个综合性、开放性的信息化、数字化图书馆，是一座集学生阅读、教师阅读、教育研讨、互动实践为一体的现代化图书馆。除各类课外阅读，学校美术、自然、戏剧、科技大本营校本选修课、研究性学习等教学活动也常年在图书馆内进行，真正实现了图书馆为所有课程服务的目标，图书馆从传统的"第二课堂"转变为最受师生喜爱的"第一课堂"。

一、绿色设计，让图书馆"亮"起来

学校在环境设计上营造以书香为特色的校园文化。校园里、教室里、墙壁上，甚至走廊天花板上，处处可见精心设置的读书格言、好书推荐、图书漂流等，而有形的、无形的书籍，无声胜有声，引导着莘莘学子如何处世为人。

（一）独立书屋，悦读乐园

学校图书馆独立于教学大楼之外，具有园林特色。庭院内既有供学生散步的小桥流水式的休闲步道，也有放置椅子、台子供学生休憩交谈、创意实践的木质亭子，还有供学生游戏娱乐的荡秋千长椅。而室内各区域造型更是别致，既有桌椅造型如客运大巴士的童话书籍阅读区域,又有桌椅形状如一叶叶小舟的科学幻想书刊阅读区域,也有书架造型为钢琴键盘的音乐、茶艺、摄影等艺术书刊阅读区域,还有造型如体育健身场所的上网冲浪电子书刊阅读区域。

图书馆别具一格的环境布置打破图书馆传统模式的禁锢,释放小学生的天性,变"阅读"为"悦读",学生自主阅读人次也大为提高。

(二) 创意设计,功能齐全

350 平方米的图书馆,可同时容纳 70 位读者,并设立六大区域,教师阅览区、学生阅览区、新书介绍区、电子阅览区、休闲阅读区、互动体验区的划分,可供不同课堂和课型使用,整个图书馆既分又合,融为一体,生动活泼,富有童趣。

与此同时,学校还在教学大楼二至四层楼面设置休闲读书角,增添了桌椅和书架,方便学生阅读及自习使用。学校每间教室里,都有一个读书角,定期更换书刊,为学生提供了一个舒适、自由的阅读环境。图书的更换和管理均由各班的图书管理员负责,倡导学生自主管理、诚信取阅,以提高学生自主学习能力。

图书馆内还设置了阳光休闲区域,供孩子们阅读模型书籍、完成创客实验。此外,图书馆还划出了体验区域,供学生亲身了解、体验活字印刷术的渊源和诞生过程,并尝试印刷自己的文章。

二、智能管理,让图书馆"活"起来

从"捧着书本"到阅读"电子书",图书馆在新的时代又被赋予新的定义。成功教育实验小学的图书馆由校长亲自担任馆长,并形成了一支由分管副校长、科研室主任、图书管理员、阅读课专职教师、学校网管员组成的多元管理团队。多维的管理模式、现代化的管理手段,让阅读方式更多元化,使图书馆成为师生们最需要也是最喜欢的地方。

(一) 系统管理,自主借阅

学校引进基于 RFID 技术的智能图书馆管理系统,系统通过自动识别粘贴在每本图书上的 RFID 电子标签进行信息管理,教师和学生可以在自动借还设备上全自助式办理查询目录、借书、还书、续借、预约等项目。新技术的启用,简化了师生们借还书手续、缩短了图书流通周期、提高了图书借阅率,充分发挥了图书馆的服务职能。同时,也使馆内错架图书的查找变得更为快捷便利,大幅提高了图书盘点及错架图书整理的效率。

（二）开发平台，跟踪阅读

学校积极探索互联网与阅读的有机整合，倡导"深阅读"。开发网络阅读平台，激发学生阅读兴趣，培养学生阅读能力。通过平台后台的数据统计，老师们可以直观地看到书籍借阅排行榜、读者借阅排行榜等，并即时掌握学生阅读量。以此为依据，设立学校的阅读排行榜，分期评选阅读小状元，使对学生阅读素养评价的视角从"每一个"逐步过渡到"这一个"，进而提升学生阅读的互动性和有效性。

（三）互动阅读，扩大信息

图书馆将各种多媒体教育阅读资源进行整合，学生有更多机会进行电子浏览，扩大信息量。孩子们可以通过中文在线儿童数字阅读开展互动阅读，在玩耍中进行学习，在游戏中进行阅读。

（四）资源共享，辐射社区

现代化的设施、便捷的借阅方式、丰富的馆藏资源也吸引了一大批周边社区的居民。为了进一步促进学校图书馆文献资源的有效利用，发挥学校图书馆的文化辐射作用，学校定期对学生家长和社区居民开放图书馆，并聘任部分社区、学生家长代表担任图书馆工作志愿者，参与学校图书馆管理工作，逐步形成了由专业人员、兼职人员与志愿者组成的相对稳定、服务高效的图书馆管理队伍。

三、多元课程，让图书馆"动"起来

随着课程改革的逐步深入，对学生素养的培养已不仅仅局限于基本的阅读、写作和计算能力，而更侧重于学生的综合实践能力和创造力。成功教育实验小学充分利用图书馆的馆舍资源、人力资源和文献资源等资源优势，拓展、丰富课程教材资源，为课程、教材、教法的改革和师生的发展提供更为广泛、深入的支持。

（一）阅读活动，走向课程

学校在开发学校课程资源过程中，积极探索阅读活动课程化。从 2014 学年开始，每个班安排了一节"阅读"课，配备专职的阅读课老师，制定各年级阅读目标、推荐阅读书目、设计阅读活动。教师在图书馆里开设阅读指导课，使学生不断地吸取新知识，从而更体会到读书的快乐。

（二）融合学科，专题阅读

为了更有针对性地帮助学生拓宽知识面，学校各科教师相互配合，利用图书馆的文献资源，不定期地进行专题书籍推荐活动，引导学生把阅读当成一种习惯，渲染"用阅读点染生活，让书香润泽校园"的学校读书氛围。如：品社老师的"感动"系列专题、自然老师的环境保护专题、美术老师的画家介绍专题等，每一期专题书籍的推出，将课堂教学活动与图书馆教育教学活动有效结合，促进了学科教学与图书馆的深度融合，让学生"带着问题进图书馆"，使学生对书本的知识"活学活用"，理论与实践相结合，从而更有阅读的激情，畅享自学的快乐。

（三）基于阅读，亲身实践

实践证明，阅读与动手操作的结合，将会使学生的学习能力产生质的飞跃。在学校图书馆里，还活跃着一批"科技小达人"。每当放学后或社团活动时，他们就会聚集到此，或是查找科技资料，或是抱着图纸动手制作，乐高模型、科技小制作、航模船模等都在他们的亲身实践下完成。遇到想不明白的事儿、解决不了的问题，学生会第一时间想到图书馆。在这里，他们会主动查找资料、亲自动手测量，在翻阅资料的过程中碰撞出思维火花。此时的图书馆对他们而言，不仅是一个设施完善、功能多元、利用便捷、环境优美的"知识空间"，更是他们快乐成长的"精神家园"。

四、多样活动，让图书馆"趣"起来

作为学校的文献资源中心，图书馆既是学校文化建设和课程资源建设的重要载体，也是学校教育教学活动的重要场所和育人阵地。成功教育实验小学以"建设书香校园"为指导，借助各种读书活动的开展，引领全校师生从自我做起，从点滴做起，培养浓厚的读书兴趣，养成良好的读书习惯，营造人人热爱读书、善于读书的氛围。

（一）阅读修身，激励自觉

图书馆给学校教师提供了丰富的阅读资源和舒适的查阅空间，为教师教学研究工作提供了良好条件。教师可以到图书馆里查找相关文献，撰写读书笔记，追踪课题进展，进行专题研究。不少教师承担教研课题，他们或三五成群，或以课题组为单位进行项目研讨。同时，学校还开展了一系列主题读书活动，如《微观教学系列丛书》《第56号教室的奇迹》等书籍阅读和"品味经典、润泽心灵"等读书征文活动。这些阅读活动的开展,对教师的教学钻研和人文素养的提高,都起到了春风化雨的作用。

(二) 主题阅读,引导成长

学校通过不同的主题活动诠释读书的意义,引领学生向上向善、健康成长。例如,结合"感恩"教育主题月活动,图书馆配合学校德育处精选出相关主题的文献资料,通过征文、演讲、读后感等形式,培养学生多角度深层次地思考问题,深刻了解"感恩"在我们生活中的表现形式以及它对人与人之间关系的作用。结合以"享受阅读　书香致远"为主题的校园读书节,学校开展读书小报、书签展评、古诗擂台赛和作文竞赛等活动。学生把课外阅读的感受以优美的语言写成读后感,绘制图文并茂的读书小报,与同伴一起分享读书的收获。一件件设计精美、寓意深刻的读书名言书签作品,让我们看到了学生高涨的读书热情,领略到学生热爱阅读、享受阅读的心境。

(三) 亲子共读,养成习惯

学生的阅读,不只是在学校,更多的是在家里。为了更好地形成家校合力,把阅读活动推向家庭,培养学生"读好书""好读书"的习惯,学校结合"家长学校",积极开展面对全校家长的亲子阅读的培训指导。学校要求每位家长,每天抽出一点时间,和孩子共读一本书。有条件的家庭,要经常带孩子到书店购书,到图书馆借书,拓宽读书渠道。同时,学校还定期召开家长会,向家长介绍培养孩子良好阅读习惯的好方法,同时邀请家长代表介绍"小小快乐读书会"的成立缘由、活动内容、家长分工及孩子们的成长与收获,引导家长积极开展亲子阅读,培养孩子良好的阅读习惯。

成功教育实验小学在图书馆建设中走出一条新路。正如宋福祜校长在区图书馆工作交流会上所说:"一所好学校一定要有一个顺应时代发展的图书馆。一个藏书量丰富、管理有序、使用率高、优质服务的图书馆是一所好学校的标志。要让我们的校园溢满书香,让图书馆成为师生快乐阅读、放飞梦想的乐园。"这正是我们的目标所在。

浅谈提高少年儿童"图书馆意识"的必要性与可行性

上海市静安区中兴路小学 陈 伟

摘 要：文章基于现代社会的要求与少儿图书馆事业的发展，论述了提高少年儿童"图书馆意识"的必要性；以促进自我开发和提高自学能力的视角，分别从现代技术在图书馆的应用、组织少年儿童参观学习与阅读推介、推行个别辅导与特殊服务、开展各类读书活动、加强学生图情教育等途径，阐明了增强少年儿童"图书馆意识"的可行性。

关键词：现代社会 少年儿童 图书馆意识

众所周知，学校图书馆的一切工作都是围绕着读者工作展开的，学校图书馆的读者工作是整个工作的出发点和归宿。读者工作开展得如何，反映了一个图书馆的工作水平，也是评价这个学校图书馆工作水平的重要标志，增强少年儿童的"图书馆意识"，提高他们对图书馆的认识和利用能力，是读者工作的一个重要部分，也是学校图书馆事业发展和现代社会及科学技术飞速发展的需要。

一、从现代社会和少图事业的发展看增强少年儿童"图书馆意识"的必要性

未来的社会是一个高速发展的社会，它需要人们具有与科技发展相适应的完整的知识基础、基本技能及获得新知识的能力，它要求未来的人才学会如何学习，对新知识具备一定程度的理解力、消化力和运用能力。

人们要适应未来社会发展的需要，就应不断学习、研究、创新，就需要很好地利用图书馆。图书馆是搜集、整理、保管、传播和利用图书情报资料，为读者服务的科学、文化、

教育机构,它是汇集科技最新成就的情报基地,是人们自学和深造的场所,是知识宝库。图书馆的职能之一是及时传递科技情报,它起着提高人民群众的科学文化水平的作用,人们需要钻研新问题,探索新技术,就得掌握打开图书馆知识宝库这个大门的钥匙。

目前,我国有相当一部分人对图书馆还很陌生,把图书馆和新华书店混为一谈,到图书馆"购书"者在各地市图书馆都大有人在;不少人对图书馆的性质、职能、作用缺乏认识,片面地认为图书馆只是人们看书或消遣娱乐的场所;在检索文献方面,许多人检索能力偏低,感到查找文献困难,往往花很多时间才查找到少量所需文献,造成这种状况的原因,是与他们在校学习时缺乏这方面的知识和训练分不开的。因此,增强少年儿童的"图书馆意识",提高他们对图书馆的认识,使他们从小热爱图书馆,养成利用图书馆的习惯,学会利用图书馆的技能,为将来成为既有远大理想又具有独立获取知识驾驭信息能力的创造性人才,有着十分重要的意义。

从学校图书馆事业的发展看,增强少年儿童的图书馆意识,提高他们对图书馆的认识和利用能力,也是十分必要的。

随着社会的发展和科学技术的日新月异,现代知识门类不断向前发展,各学科文献具有品种多、数量大、形式复杂、多样、内容重复、交叉、时效性强、新陈代谢频繁等特点,面对这些特点,如果读者不会查目录,不会使用工具书,不会利用检索工具,仅仅靠图书馆工作人员去开发或代查代找,那他就不可能了解馆内全部藏书,难以找到自己最需要的文献资料,反过来说,图书馆的藏书也就不可能很好地利用,其职能也不可能充分地发挥。因此,为了充分发挥图书馆的社会教育职能,让读者克服在阅读中的盲目性,提高读者的阅读兴趣和阅读效果,更有效地利用图书馆藏书,图书馆工作人员有义务为少年儿童介绍图书馆知识,帮助他们掌握使用图书馆的技能,使他们在课堂教育途径之外,独立而有意识地拓宽自己的知识面,为其日后走向社会能够利用图书馆解决实际问题打下良好的基础,为他们在未来信息知识密集的时代不断接受教育创造条件。

二、从促进自我开发和提高自学能力看增强少年儿童"图书馆意识"的可行性

古语云:"授人以鱼,只供一饭之需;授人以渔,则终身受用无穷。"增强少年儿童的"图书馆意识",提高他们对图书馆的认识和使用能力,无疑是引导他们到书山学海去求知探宝,诱发他们对知识的贪欲感,吸引他们自觉踏入图书馆这个广阔园地,广泛涉猎各类知识,通过大脑的感知和筛选,有目的地拓宽自己的知识面。工欲善其事,必先利其器。学校图书馆要想提高少年儿童对图书馆的认识,增强他们对图书馆的意识,首先

要提高图书馆工作人员自身的素质，加强自身的业务建设，在不断变化的环境中，努力适应新形势、开创新局面，接受再教育，做到打铁先要自身硬。具体从以下几方面体现：

第一，随着信息产业和学校图书馆事业的发展，计算机在图书馆管理上的应用早已成为现代化图书馆的一个主要标志。为了便于开展图书馆的一切工作，图书馆工作人员一方面要熟练运用计算机工作流程和操作技能，在实践中不断积累经验；另一方面还要积极参加有关图书馆业务的各项培训，并积极参与市、区馆际之间的合作与交流，在参观与学习的过程中汲取他人所长，与时俱进，为今后全面实行计算机管理打下良好的基础。

第二，要组织少年儿童到市区、街道、社区和学校图书馆去参观，使他们初步了解什么是图书馆，提高他们对图书馆的性质、职能及作用的认识；通过宣传栏、黑板报、电子媒体和宣传手册等辅助形式向少年儿童潜移默化地介绍图书馆的历史、现状和发展趋势及类型，向他们介绍伟人、专家、名家利用图书馆所取得的巨大成就，使他们意识到充分利用图书馆的重要性。

第三，还可以采取集体或个别辅导的方法，对每一位来馆的新读者介绍图书馆的结构设置、图书分类、书架布局、借阅方法、制度、规划、服务方式、内容及如何使用检索工具等基础知识，使其从直观上对图书馆有个大致了解，然后在小读者借书或检索目录的过程中向他们介绍一些工具书的查找方法及图书分类知识，使他们能更快速有效地利用好图书馆的一切资源，并从每一次真实的体验和实践中感悟到图书馆给自身的学习和生活所带来的益处，潜意识中提高图书馆意识。

第四，在读者群，有一部分"尖子"学生求知欲很高，渴望掌握更多的科学文化知识，图书馆应利用一切可用机会适时地对他们进行重点培养。使他们尽快掌握图书馆技能和利用图书馆的能力，使其独立而有意识地主动去开拓、去获取、积累知识，增长自学本领，开创智力，提高创造能力，其结果可以达到以点带面，影响一片的效果，使更多的少年儿童对图书馆学知识产生兴趣，提高他们利用图书馆的自觉性和迫切性，吸引更多的小读者加快提高"图书馆意识"，充分发挥图书馆的教育职能。

第五，还可以结合市区、街道社区和学校每阶段不同的主题工作思想目标，开展相应的读书活动。如和报社、电视台、著名作家、书店、出版社及有关新闻单位联合举办图书馆知识竞赛、征文活动、阅读展示课、电子阅览室、读书讲座、网络调查或读书漂流等，加深他们对图书馆的认识，扩大图书馆的影响，通过读者或家庭亲子小调查和座谈会等了解藏书的需求特点和利用效果，利用节假日或亲子活动，举办业务咨询活动，使图书馆学知识逐渐向读者或读者家庭渗透,使他们逐步了解并适时利用图书馆知识。

第六,建立图书馆与学校的馆校联络网,整合学校各学科特色定期举办丰富多彩的少儿读书活动,通过网络宣传向少年儿童进行理想、传统和爱国主义教育,陶冶他们的情操。通过网络图书资源丰富少年儿童的课余生活,使他们在阅读中收获更多快乐和知识信息。通过网络交流增加少年儿童与图书馆、作家、出版社乃至其他小读者之间的学习、互动与交流。通过网络亲子板块增进少年儿童与家长的阅读体验,大大激发了家庭阅读的兴趣,也增强了亲子的阅读情感。

第七,还可定期举办图书馆业务知识培训班,选派业务能力强,有一定业务理论水平和实践经验,热爱图书馆事业,懂得教育心理和教育方法的图书馆工作人员上台讲课;也可培养一批自愿为大家服务的小小班级图书管理员参与图书馆基础业务培训,共同为全校师生提供各项图书馆的业务咨询和借阅流通服务,使少年儿童对图书馆的性质、作用、借阅规则、图书分类知识、中文工具书的借阅方法、文献检索方法及阅读的方法有一个初步了解,每讲一门课,就组织同学们去进行实际操作,让同学们感到参加这门课程的学习不但有乐趣,而且还能学到一些有用的本领。

我国目前只有大学才设有图书馆学知识的课程,然而未能上大学的学生就很少有机会受到这方面的教育,如果不及时地向少年儿童普及图书馆学知识,教会他们利用图书馆,将来他们走向社会,参加工作,提高文化水平,就会遇到很多麻烦。因为要改革、创新、解决疑难问题、获取新知识,这一切都离不开对前人、对书本、对科技资料的依赖。

三、结语

作为一名兼具教育职责的图书馆工作人员,从现在起努力做好少年儿童对图书馆学知识的教育,提高他们对学校图书馆的认识和利用能力,是非常必要和切实可行的。

营造温馨和谐的中学图书馆

上海市新中初级中学　谭建芬

摘　要：按照图书馆建设标准不断充实与优化图书馆的文献资源，设计与构建现代学校图书馆的环境与布局，是创建温馨和谐图书馆的基础；运用现代技术手段进行图书馆管理，提高图书馆管理员自身素养，提供多层次的读者服务，是营造和谐温馨图书馆的动力。

关键词：中学图书馆　温馨和谐　环境

李克强在"十二五"规划报告中强调，要把科技与人民群众的创造力在更大范围、更深程度、更高层次上融合起来，既要"顶天"，努力突破核心关键技术，勇攀世界科技高峰，又要"立地"，通过大众创业、万众创新。各行各业都要求创新。那么我们图书馆也应紧跟时代步伐，适应时代潮流。图书馆面临新的挑战——营造温馨和谐的中学图书馆。

一、良好的环境是温馨和谐图书馆的基础

一个温馨和谐的优秀图书馆一定是按照图书馆标准来开展工作的。它是引领图书馆运行和发展的。有了评估标准，图书馆工作就有了方向，图书馆的每一项工作都能落实到实处。首先是图书经费的使用。我们按照中学人均 45 元的标准。上半年我们采购一部分图书，下半年再采购一部分图书。图书经费基本用完有时还超出。我校在采购图书时，尽可能的不重复不雷同。采购的图书一定是适合学生和老师，一定适合时代发展和学校发展的需求。购进的新书我们第一时间输入电脑，编目、分类传入中央库、打印新书通报然后上架，供读者借阅。

温馨和谐的图书馆主要表现在环境的整洁、明亮的采光、舒适的座椅、一流的服务。今年我校将图书馆搬进新大楼,图书馆有两个楼面。我们打破原先的借书和阅览各自为政的格局。将外借和阅览混合为一体。在书库中有阅览,读者可以借喜爱的图书坐在阅览室看,也可以坐在阅览室看自己心仪的杂志。我们改变了原有独立的框架,尝试了一体化的服务。有了新的模式,方便了读者。读者在图书馆里看图书既温暖又温馨。我们让每一位读者高兴而来,满意而归。

李克强总理在"十二五"计划中讲到。我国要科技创新,万众创业。科技创新的"新"字在我校主要表现在——我校的图书它已"跑"出图书馆,"跑"进我们的教室、办公室,最终"跑"到学校的每个角落。师生们可以在自己的教室和办公室里看到书。"会跑"的图书大大丰富了师生的业余时间和精神世界。

我校有纸质图书和期刊,还有电子图书和电子期刊。它们不像以前那样死板,一定要在图书馆里看。而是书和期刊都"活"起来了,读者可以根据自己的喜好、根据自己所在的环境,可以选择纸质图书和电子图书。儒勒·凡尔纳就是创新的先驱。他在很多年前就幻想着一个海洋大怪物,在海洋深层想出那么多的奇思妙想,让人不可思议。而今在人们的不断学习和探索中,他的幻想都一一实现了,而且我们还超越了他的想法。人们常说:"没有做不到的、只有想不到的。"人类社会利用了大量的书籍创造奇迹的同时又用奇迹来谱写更多的篇章。

二、优质服务是营造和谐温馨图书馆的动力

图书馆的舒适环境是基础,我们用现代化的管理——用电脑、电视频道、多媒体的手段为我校教育一线服务。师生们可以通过音频、视频、文字等多种形式更直观地阅读。要营造和谐温馨的图书馆,图书管理员的服务一定是优秀的。我校的图书馆已超出图书馆本身的功能,它已成为我校一个很重要的文化沙龙场所。例如有一次德国学生到我校体验中国的饮食文化,校长马上想到到图书馆,一是图书馆有舒适雅致的环境、有浓重的书香氛围。二是到图书馆更能体现我国的饮食文化。还有一次是我们学生和外教老师面对面的英语交流。他们也选择来到图书馆,有老师说他们可以到我校的阶梯教室去。那里也很好,同样可以交流。我说学生老师喜欢到图书馆来,是因为图书馆温馨和谐,师生们到图书馆有宾至如归的感觉。另外图书馆营造的祥和、宁静的氛围会激发人们更愿意去看书和思考。

营造和谐温馨的图书馆,图书管理员的自身素养一定要提高,需对图书馆的馆藏资

源了如指掌,对全校师生的阅读情况有所掌握,并对当前国内外的形势、教学思路有所了解,管理员要做到心中有底,做事不慌,这样开展工作才能游刃有余。如一位学生初中毕业即将进入高中,被家长带到图书馆后,却不肯借书,而且有点叛逆。我看到这种情况后,先和学生聊聊:"假期有什么打算,是否外出旅游。等你进了高中学习会更紧张。趁现在有空多看点书吧。我给你推荐一些书——《麦田里的守望者》《荷马史诗》和马里奥的《教父》等书籍。"我边说边把书拿出来放在他面前。孩子听了我的话慢慢静下心来,拿起我推荐的图书看了起来,同时我将书的大致内容介绍给他听。最后,学生将我推荐的书都借回去阅读。

在图书馆里,我们常常会碰到老师对我们说,你能给我们推荐推荐有什么好看的书,这时我就根据每位老师看书的喜好和习惯,进行推荐。有的老师喜欢看人物传记的,有的老师喜欢看哲理性的,还有的老师喜欢看休闲性的。这些都是平时工作经验的积累,也是对图书馆的图书熟悉掌握。这是图书管理员应该具备的文化素养。

三、结语

当代的图书管理员要与时俱进、要多学习。只有具备强大的知识体系,才能做我们想做的事,才能为全校师生提供优质的服务才能构建出温馨和谐的中学图书馆。

每当我看到师生们来图书馆借、还书,看到师生取得优异的成绩,心里都特别高兴。我享受师生们在图书馆看书读报的场景,更享受师生在花园般的图书馆静静阅读时的那种温馨和谐的氛围。

打造书香校园，创建走廊图书馆

上海棋院实验小学　　熊雁冰

摘　要： 更新学校图书馆服务理念，打破传统图书馆图书借阅模式，因地制宜地创建全开放、无障碍、随手可取的走廊图书馆，有助于打造书香校园，使图书馆真正成为校园文化建设的重要场所，师生修身养性的最佳乐园。以上海棋院实验小学为例，着重论述了走廊图书馆开设的背景以及成立设想；分析了创建走廊图书馆的选址、图书配置与管理的方法；介绍了学校走廊图书馆运行效果与直面的问题。

关键词： 书香校园　走廊图书馆　服务创新

当今图书馆服务理念应当是：留住每一位读者，让他们看到爱看的书。从"藏书楼"到"信息集散中心"，小学图书馆日渐成为素质教育不可或缺的有机组成部分。著名图书馆学家阮冈纳赞在总结世界图书馆发展史时曾提出现代图书馆的几条法则，其中第一法则"书是供使用的"；第三法则"为每本书寻找它的读者"。图书馆的教育职能在很大程度上取决于利用书刊组织课外阅读活动，以达到对学生进行全面素质教育的目的。但是随着网络等媒体的多样化和语数外主课的成绩压力，使得现在学生对纸书的阅读兴趣大减，使得很多学校的图书馆成为存书的"图书馆"而非活力盎然的"读书馆"。这就要求学校图书馆工作人员要在提高图书的利用率上起到一个指引作用，也就是说图书管理员是一个好的引导员，指导学生在知识海洋中尽情遨游。"读书百遍，其义自见"，不广泛而深入地阅读，是无法真正理解作品的真正内涵的。

一、走廊图书馆开设的背景以及成立设想

我校觉得"工欲善其事，必先利其器"，读书亦是如此。平时学生进阅览室进行阅读

的时间少,而学校为学生订了大量的杂志、书籍。不能让这些资源白白浪费。而且原来图书馆是封闭式的,学生想要看书必须拿着借书证去借阅,因为过程烦琐,影响了学生的阅读热情,所以我们发现学生的阅读量在下降。由于图书馆老师工作的局限性,于是我便一直思索一种自助的借阅方式。某天在解放日报上看到宁波鄞州中学实行全开放式图书馆,王校长全力支持借鉴此法,说要把图书馆办成"读书馆",使图书馆真正成为"校园文化建设的重要场所,师生修身养性的最佳乐园"。甚至他希望整个"学校就是一个大图书馆"。为了鼓励学生读书,他说与其存放着无人问津,不如偷去了有人阅读。他同我们算了一笔账:若是聘一名教师以年薪五万元计,与此相同的代价丢这么多书,而后有人去读,其效益肯定要超过一个教师。这使我们想起王云五当年在东方图书馆实行开架借阅时的一番话:"倘若有人偷书,就算图书馆经营成功了"。然而,王云五先生的做法是在 20 世纪二三十年代,且只是从闭架到开架,而今已不仅是开架,而是开门,乃至无门,较之东方图书馆又前进一大步了。于是我顿时受到启发,向学校提出试行不设门的图书馆。

为了让学生有更多时间阅读,增加他们的阅读兴趣,也为了学校图书馆的书刊得到有效利用,学校想赢造一种书香氛围,在做好读书宣传的前提下,更要保证让学生在想看书的时候就能方便拿到书。而不是人为设置借书障碍,规定学生一定要去图书馆进行借阅活动后才能拿到想看的书。出于这一考量,学校开始筹备走廊图书馆。

在开设走廊图书馆前,学校先进行了大量调查,向全校师生发放调查问卷,询问同学们喜欢何种借阅方式。结果正如我们所料,绝大多数学生喜欢在类似于书店的那种自由氛围下读书,不要有借书证、条形码、一系列借阅规则,他们觉得,能随时随地借到书,是他们最想要的借阅环境。

"不要借书证、不要往图书馆跑,下了课随时都可以在走廊上看书!"。这是我们对走廊图书馆的设想。

二、走廊图书馆的成立

(一) 地点的选择

走廊图书馆设立在哪里,这是首先摆在我们面前的问题。要有学生往来比较多的地方,一开始考虑在各个楼面上下楼前的一块空场地上,觉得这个地方大,可以摆放好几排书架,而且是小朋友上楼下楼的必经之所,可以吸引学生前来看书。但是很快我们发现,这里放书架会有安全隐患,因为是上下楼必经之处,一旦有很多同学停留在这里看书,会造成上下楼拥挤,容易引起踩踏,有不安全因素。第二个考虑的场所是各个班级门口的长廊,这里是同学一下课出来第一眼看到的地方,而且离班级近,有利于小图书管理员管理。但是由于学校走廊两边都是教室,我们发现,放置好书架后,一个会因为光线原因,造成阅读环境太暗,另一个会因为两边摆放书架,造成走廊狭窄,同样会有安全隐患。最后,走廊图书馆选择放在各个楼面的饮水机旁边的一块空地上,这里本来就是文化长廊,有浓郁的文化氛围,下课同学们来喝水的时候,顺便看看书,也成为吸引同学们的一种方法,而且这块场地比较大,在放置书架的同时,再放置一些阅览桌椅,让同学坐着阅读图书;二楼开心书吧,主要放置低幼读物,满足二楼一、二年级学生的阅读需求;四楼博雅书局,主打中高年级书刊,让高年级学生在繁忙的学业之余,可以随时补充知识。

(二)书籍的选择

地点选择好以后,就开始面临书籍选择了。首先在选择书籍上,要考虑到不同年级不同的阅读需求。低年级学生识字量不大,高年级喜欢看科幻、探险等书籍。因此,在选书前,图书室请小图书管理员来,让他们为自己的楼面选择他们想看的书。我发现低年级图书管理员都会选取一批图文并茂的图书推荐给低年级学生阅读。高年级图书管理员像女同学比较喜欢阅读童话故事、漫画故事;男同学比较喜欢科幻故事、自然历史等。在学生选择书籍之后,图书馆又根据学生的不同的阅读能力,在选取书目时,要考虑到各种不同层次学生的接受能力,选取不同的书籍。如一二年级学生识字不多,如果直接让他们看厚厚的书籍,可能会导致他们的挫败感,从而丧失对图书的兴趣。因此我们大多安排图画较多,字较少的漫画,如《喜羊羊系列》《大头儿子小头爸爸漫画本》通过生动有趣的图画吸引他们。针对他们的爱好,我们也会事先做好不同的书目推荐。

另外,学校每年为学生征订了大量的报纸杂志,而同学们很少有时间进入阅览室来阅读这些杂志。为了不让这些资源浪费,图书馆在走廊图书馆中特地开辟了一块报刊区域。把这些报纸杂志也放入了走廊图书馆中。

(三)走廊图书馆的管理

在走廊图书馆成立之初,我就对学校的小图书管理员进行了培训。对他们进行了按时间排班。周一至周五,全校各个班级的图书管理员轮流值勤,在课间对走廊图书馆进行现场秩序的维护,对同学们的课间借阅行为进行指导,并及时引导他们将看完的书籍放回原处,将书架摆放整齐。另外,对没看完想借回去的同学,进行书名登记,并督促他们归还。每天放学前会进行各个楼面的走廊图书馆评比,看看有没有图书缺损和书架乱放的情况,有的话及时摆放整齐。

三、走廊图书馆的实施效果

自从走廊图书馆成立以来,学校的"开心书吧"和"博雅书局"成为学校最热闹的场所,教室走廊上的书架里整齐地摆放着各类图书。自学校增添新景后,学生一下课,不再嘻嘻哈哈追逐打闹,而是被书架里喜欢的书吸引过去了。这里围满了同学。他们或坐或站,围在书架旁边,尽情地选择着自己想看的书籍。走廊图书馆实行全天候式的自主借书,针对学生下课时间短,不可能看厚厚的书籍,将杂志报纸也全开放,让小朋友们下课时可自由往来,充分利用课间休息时间,到阅览室翻阅杂志、报纸。实践表明,每当课间、中午时,学生不用履行借阅手续,就可以拿出自己喜欢的书刊阅读,看完了再放回去。学生进入校园后,随时都能在教室走廊上看书,可以让孩子们在无处不在的书香气中养成读书的习惯。如今,良好的读书风气已成为校内最美的一道风景线。

把图书馆搬到走廊,为师生提供了无功利地泛读的机会和查阅资料的便利,能够大大提高图书的利用效率;把图书馆搬到走廊,也可以发动学生带来想与同学分享的书籍,达到校园范围的"资源共享",让阅读在私人"独乐乐"至走廊中的"众乐乐"里发挥更大的作用;把图书馆搬到走廊,还可以激发学生的阅读兴趣,比如说通过教师的推介,抑或在课堂教学中,教师在讲到某个知名人物或者事件的时候,由于教科书不可能穷尽该人物或者事件的所有内容,教师往往会建议学生课后去参考某类或者某本书,而走廊图书馆因为快捷直观,便于查找,这样就更容易激发学生的阅读兴趣。

总之,把图书馆搬到走廊的开放式做法,可最大限度地发挥图书的作用,激发学生的读书兴趣、培养学生的读书习惯,同时这也能够增加校园文化的内涵。

四、走廊图书馆面临的问题和挑战

首先是对学生的诚信教育的挑战。走廊图书馆由于其全开放的特性,不可避免地会带来图书的遗失,这个确实是现在走廊图书馆的最大问题。据我们统计,成立走廊图书馆一个学期以来,图书缺损率达到了将近一半。有的是被学生拿回去没带回来,有的是被损坏了。但是我们不能因噎废食,而是要正确引导学生。我们准备加强对学生的宣传教育,让他们规范借阅行为。

其次是小图书管理员的缺岗率。由于每个班级的下课时间不固定,造成经常会有图书管理员不能及时到岗。而一旦小图书管理员不能到岗,则会造成走廊图书馆的秩序混乱,也是间接造成图书缺损率高的一个原因。为了有效解决这个问题。图书管理准备联合大队部,安排每周的值勤班级进行走廊图书馆的值勤。这样解决了每个班级各自为政,不能及时到岗的问题。

最后,是走廊图书馆的借书率的问题。由于走廊图书馆没有安装借阅设备,所以学生下课后在走廊图书馆的借阅离无法统计到全校图书馆的借阅率当中。而且因为学生下课后都在走廊图书馆进行借阅活动了,造成了对图书馆借阅的分流,使全校的借阅率下降。在以借阅率为评比机制的现在,这确实是个让学校比较头疼的问题。

不过,瑕不掩瑜。走廊图书馆还是利大于弊。而且有效解决了现在学校阅读室面积不够的问题。这使图书真正地在校园内流动了起来,实现了班级图书室与学校阅览区、图书室的资源合理整合,形成了网络化立体式的阅读空间,让学生尽情分享阅读乐趣的同时,拓展了自身的知识和视野。而为了真正发挥其作用,学校也要对图书进行归类,有序管理,不断更新,让书籍既适合学生口味,也能够引领学生健康发展。且每个学生都有义务管理图书,这不仅仅是对学生综合素质的培养,也是对学生诚信教育的有益尝试。

第四篇　读者服务

发挥图书馆在学校社团活动中的作用

上海市静安区永兴路第二小学　　马　健

摘　要： 社团课程旨在引导学生关注社会，培养学生的实践能力、科学人文素养与社会责任感。图书馆本着一切为读者服务的宗旨，围绕优化服务、拓展图书馆教育和信息的功能，以多种形式服务，发挥在社团活动中图书馆的作用。

关键词： 学生社团　图书馆作用

《教育部关于全面深化课程改革落实立德树人根本任务的意见》要求："加强课堂教学、校园文化建设和社团组织活动的密切联系，营造协调一致的良好育人环境。"近年出现的社团课程是课程改革的新的探索领域，有助于综合育人、实践育人，和教学、课程、德育一体化的实现，有助于为学生终身发展奠基。

"学生社团"[是指学生在自愿基础上结成的各种群众性文化、艺术、学术团体。不分年级、系科甚至学校的界限，由兴趣爱好相近的同学组成。(《教育大辞典》p4280)]按照新的课程理念，学生社团活动可以被看作一类课程形态。社团课程，是指在教师指导下，通过规范的方式建设起来的，以社团为组织，以活动为载体，在具体实施中坚持与选课走班相结合，与探究性学习相结合，与实践活动相结合的活动性、实践性课程。社团课程旨在引导学生关注社会，培养学生的实践能力、科学人文素养与社会责任感。

社团课程能帮助学生丰富生活，拓展视野，学校通过开设与学生兴趣爱好相关的社团活动，使学生能积极主动、愉快地参加兴趣活动，让学生有更多自主发展的空间，培养他们多元化发展的思路，培养学生创新、实践、动手动脑的能力。

学校社团课程的开设，大部分都是教师根据个人特长及兴趣，采取自主报名的形式，由教师编写活动教材，设计活动内容。但是，有时教师在课程开展中也会遇到资源有限,活动场地受限的困难,个人教学工作压力大没有更多时间和精力投入社团活动的开发上。因此,社团活动内容简单,活动形式单一,在一定程度上影响了学生参与活动的积极性,抑制了学生创新能力的发展。学校的图书馆,是学校组织的一个重要的组成部分,图书馆更应成为学校重要的教育基地,成为实施教学的重要据点。那么,在学校社团活动的开展中,利用馆藏资源,提供优质服务是图书馆应当承担的责任。图书馆本着一切为读者服务的宗旨,围绕优化服务、拓展图书馆教育和信息的功能,以多种形式服务,发挥在社团活动中图书馆的作用。

一、开发资源,服务教师

在社团活动中,教师拟定将要开设的课程内容。在此基础上结合学生的需要和年龄特征,教师搜集资料、选择内容、设计方案,形成学校的社团活动的课程内容。教师编写的社团活动教材,课程开发能力都直接影响着社团活动的质量。有的社团课程资源十分有限,无指南无选修教材。这时,图书馆是教师的良好的充电场所,可以利用图书馆的资源为教师提供文献资料,充分利用图书馆的藏书,最大限度地满足读者的需要。

学校开设了《走进经典》社团,社团老师在开发课程的时候,也遇到了资源有限,同时个人教学工作压力大没有更多时间和精力投入社团教材资源的开发上。图书馆根据学生在图书馆借阅量的统计,制作了最受欢迎的经典书目索引,提供给老师作为社团活动指导参考。订购了《读者新书目》《中外文摘》这些书评类的期刊,方便老师了解图书新动向,发挥导向作用。《家乡的桥》社团,图书馆精选了一批与桥有关的书籍,编写了专题书目提供给老师查阅,并且编制了可爱的家乡、世界各国有趣的桥文献资料,提供给老师方便教师在编写教材中参考使用。图书馆利用网络资源,在校园网上主动了解教师的需要,为他们代查、代借、代购、复制有关书刊资料,尽可能提供方便条件。

二、开设专题,吸引学生

读者工作的根本任务是充分利用图书馆的藏书,通过馆内阅览、图书的宣传推荐、阅读辅导、书目索引、解答读者咨询等各项业务活动等方式最大限度地满足读者的需要,为读者普及科学文化知识,为教育教学提供图书资料。

中央电视台的《中国古诗大会》的热播,唤醒了人们深埋心中的古诗词情怀。也引起了小学生对古诗词的极大兴趣。学校因势利导开设了古诗词社团,来引导正处在成长关键时期的中小学生传承优秀传统文化弘扬传统文化,普及古诗词。古诗吟诵社团的学生渴望课外阅读,渴望拥有更多的免费资源,图书馆是专为学生设立的文献信息保障部门,理应成为学生愿去的地方。为此,图书馆在图书选购的时候,注意了这方面图书的选择。南京师范大学郦波老师也是中国古诗大会的导师,他推荐了《凯叔选给孩子的99首古诗》《漫画唐诗宋词》《笠翁对韵》《给孩子们说古诗》系列图书。这些书籍中精选的古诗适合孩子的吟诵,同时还有适合学生年龄特点的讲解,附有诗作者的趣闻,富有趣味性,非常适合小学生阅读。同时,图书馆制作了古诗词主题书目,通过专题书目的展示,吸引学生到图书馆阅读。

绘本阅读社团的开设,对绘本的选择要求很高。应当从低年级学生的特点出发,选择适合他们阅读的图书,帮助他们从小养成阅读习惯。图书馆教师在绘本的选择上把好关,把语言规范优美、情节生动有趣、绘画富有表现力并蕴含丰富细节等待孩子去发现的绘本推荐给孩子,定期给学生发绘本图书推荐书目。为了更好地吸引学生阅读,制作一些适合低年级学生的图文并茂的图书推荐小报,在图书馆墙报上定期展示,吸引学生阅读。

三、深度整合,全面保障

图书馆拥有丰富的信息资源和场馆等多种资源。充分发掘这些资源,进行深度整合,在此基础上不断创新服务,是图书馆适应新课程改革的必然选择,也是我们服务社团课程改革的基本策略。

目前,图书馆的馆藏资源也有了很大的扩充,在硬件上,计算机、投影仪等提供了硬件条件。软件上,图书期刊、电子图书与数据库于一体的文献综合体,知识面广,信息量多,是图书馆资源的完善和扩充,这些资源的有效利用,其发挥的作用是一些书籍无法比拟的。

制作视频提供给社团欣赏。图书馆还购置了一批《中国古诗大会》的音像资料,其中的飞花令片段做了专题剪辑,在社团活动中,请社团老师组织学生到图书馆观看视频。选择《中国桥梁》纪录片,邀请家乡的桥社团的学生到图书馆观看,了解中国桥梁的发展特点。这样的活动丰富了社团的活动形式,使图书馆作为社团的第二课堂。

提供场地给社团开展活动。品茗阅读是浸润心灵、体验生活的最佳休闲方式。图书馆利用阅读区域,邀请了经典阅读社团和茶艺社团的师生一起来到图书馆,开展了一次别开生面的"品茗阅读"活动。活动场上摆设了古色古香的茶具,陈列了精彩纷呈的书籍,茶艺社团和经典阅读社团的老师和同学到图书馆开展社团活动。伴着浓浓茶香,两个社团的同学们聚集于此,一边阅读一边品茶。一壶清茶,沏出浓浓感悟;更倚赖茶文化所带来的抒逸,亲和,学生潜心阅读,营造了利于阅读的良好气氛。

多元结合给社团提供保障。教育的资源是多样的,我校开设的博物馆活动是一个大型的社团活动项目,能整合校内外资源拓展学生视野。在教师编写场馆活动课程设计时,面临场馆资源分散无序,与平时教学联系少、查找的资料有限等困境。图书馆及时了解教师需求,对馆藏进行整理和更新,发布相关推荐书目;查找相关电子图书和期刊,进行网上资源导航。场馆活动不能成为"一日游",为了让学生在参观后能更主动地探究和学习,图书馆与老师合作以丰富的实践活动吸引学生。开放电子阅览室,便于学生在场馆官网上走进馆藏,参与网上漫游活动;设立专栏书架,吸引学生阅读书籍拓展视野;布置展览,展示学生参观后的观感、制作的小报作品等;开设讲坛,利用图书馆的场地优势,利用图书馆的馆藏电子资源,播放录像,进行专题讲座。通过多元结合,使学生的场馆活动更深入、更生动、更丰富起来。

新课改的深入,对学校图书馆提出了新的要求,要求图书馆为课程改革提供更加多元而深入的服务。服务社团课程探索,正是图书馆适应新课改要求的新的尝试。在社团活动的开设中,图书馆将更加积极主动创新服务,有效拓宽课程资源的来源,为师生找资源,为资源找师生,为社团活动的多样化提供帮助。

参考文献

[1] 张美玲.学生社团活动建设与管理的实践和反思[J].教育理论与实践,2017(17):56—57.

[2] 胡铃冬.学生社团活动的作用及实施原则[J].成都教育学院学报,2006(1):52—53.

新形势下中小学图书馆
资源建设和服务方式转型的再思考

上海市市西初级中学　宋沛忆

摘　要： 中小学校图书馆常被誉为学生的第二课堂，在学校的教育教学的过程中具有不可替代的作用。但是近年来随着网络通信技术的飞速发展、师生生活学习方式的多元化等因素，中小学图书馆发展开始面临着诸多的问题，急需通过新的功能定位，重塑其生存与发展的土壤。

关键词： 中小学图书馆　功能定位　思考与探索

一、引言

2015 年 5 月，教育部、文化部、国家新闻出版广电总局联合印发了《关于加强新时期中小学图书馆建设与应用工作的意见》，为新时期我国中小学图书馆建设指明了方向。文件要求新时期的中小学图书馆要与课程改革、素质教育深度融合，成为学校信息资源高地和师生智慧中心、成长中心、活动中心，全面参与深化课程改革和实施素质教育[1]。面对挑战与机遇，中小学图书馆如何紧随时代的步伐，重新定位自己的功能，更好地服务于师生，这是值得深思的问题。在此背景下，中小学图书馆必须积极提升自己的信息服务水平，向多元化的信息资源高地转型。

二、引入并自建各类数据库，拓展图书馆资源服务能力

现今图书馆电子化发展趋势日益显著，中小学图书馆也应该紧跟时代步伐。首先，各个中小学图书馆应先建立适应现代化发展的图书馆网站，配备电子阅览室和多元化的数据库，如中国知网《中国期刊全文数据库》、维普《中文科技期刊数据库》、万方电子

期刊库、超星图书馆等，使师生在图书馆足不出户就可利用现代的信息化手段获取丰富的信息资料，也可通过网络搜索引擎从网上获取免费信息资源。其次，为了更好地服务于师生的信息需求，中小学图书馆可以在校图书馆首页上开设相关的信息专栏，如开设新书通报、期刊文摘、新课程改革的动态、信息检索指导讲座视频等专栏，积极向广大师生传播相关信息，满足他们个性化的需求。最后，中小学图书馆也要建立独具特色的自有电子资料库，如电子化的期刊库、影像资料库、试卷库及随书光盘库等。电子期刊库收录了各种教育类核心刊物的电子目录及文摘，影像资料库则是收录了各科的精品课程和学生活动的影像资料，试卷库收录了各区交流的各科试卷，而随书光盘库则收录了各类随书附赠的光盘资料，每个库的电子资料都附有详细的电子清单目录。这一举措不仅丰富了图书馆的馆藏资料，同时又大大方便了读者的查询与借阅，充分发挥了中小学图书馆信息资源高地的作用。

三、参与构建区域共享平台，增强资源保障能力

中小学图书馆资源有限，为此应在现代信息网络技术支持下，采用特色化、精品化和区域协作化的策略，专心建立精品的馆藏资源，如"航空""足球""英语原版书""中小学教材"等特色的馆藏资源，并在同一区域内构建地区性图书资源的共享资源平台。师生们可以通过PC端、手机APP、微站等方式访问这个平台并及时获得共享成员馆的信息及资源。这样既满足了各个学校师生的个性化阅读需求，又提高了中小学图书馆馆藏资源的利用率[2]，也可以在采购时避免图书、数字资源的重复购置。各学校完全可以集中资金去发展各自的特色资源、提升自身的馆藏质量，同时也有利于推动区域中小学图书馆的发展。近几年来，为了满足日趋增长的手机用户的急切需求，国内外的图书馆界开始尝试利用移动互联网来开拓自己的业务平台，给读者们以更多的选择。而目前在中国的中小学生使用手机已经成为一种较为普遍的现象，且手机对于学生行为的影响也越来越大。所以笔者认为中小学图书馆也不应只满足于拥有自己的网站，更应该构建自己的移动图书馆平台，如图书馆终端APP、图书馆微信、微博公众号和微站等来迎合学生们的实际需求。同时移动端的图书馆不应该只有查询、续借这些功能，更应该具有短信提醒、手机阅读、书籍推送、读者互动等多维度的服务功能，这样才能满足高速发展的信息化社会和学生们日益多变的个性化需求。

四、以师生为本，搭建多层次的成长平台

课程改革的深入和素质教育的实施，对教师的专业素养和学生综合素质提出了

新的更高的要求。新形势下师生急需通过学习来提高自身的专业素养和综合素质来适应社会的新需求。而中小学图书馆作为学校的信息高地,理应为师生的成长发展提供有力的资源保障。所以,中小学图书馆应该努力做好自己的资源建设工作,真正地服务于教师专业素养和学生综合素质发展水平的提升,形成一种良性的互动。为此,中小学图书馆首先要做的就是图书资料的收集工作。比如学校图书馆可以在每学期图书采购前就向全体师生代表发放图书征订单,请他们自己来推荐书籍,同时通过图书管理软件来统计平时各类书籍借阅的流通率,可以为平时购买书籍提供参考。另外,图书馆在从书商处拿到书目的荐购册后应该邀请全体师生代表参与讨论相关的购书目录。同时给予各科教师一定的自主购书额度,老师们在书店看到急需使用或者优秀的书籍可先行买下,然后送到图书馆编目入账后即可借阅[3]。此外,师生们的发展离不开科研活动和专业资源的引导。故而中小学图书馆除了做好文献信息、电子资料库的开发和文献咨询工作以外,还可以和学校各部门合作,通过每学期一次的教育科研论坛等形式邀请外校专家和本校的特高级教师为引导全校教师开展相关活动。中小学图书馆也可以根据自身的实际情况每隔几年就编辑出版本校教师的论文选集,收录那些在核心期刊公开发表的优质论文。这样在展示教师们教育科研成果的同时,也给青年教师起到了榜样引领的作用。从学生的角度来说,学校图书馆应该为学有所长的学生们提供相关领域的文献资源和指导讲座等,让他们能在自己的领域自由地翱翔,让每个学生的天赋都得到充分的发展,使学校图书馆真正成为师生的成长平台。

五、充分开发服务资源,打造多维度的活动中心

在人们的印象中,图书馆无疑应该是一个安静的地方,安静地借阅,安静地归还。然而现在的中小学生不仅拥有着旺盛的好奇心,喜欢发现探索,而且他们也有着不同的个性及天赋,更有着个性化的阅读、学习与娱乐的需求。因此新时代的中小学图书馆不应该只满足于提供借阅的场所,更应该注意到学生们的差异性,将图书馆打造成一个动静皆宜的多维度活动中心。为此,中小学图书馆的首要工作是开展内容丰富、形式多样的阅读推广及其系列探究体验活动来适应学生的个性化发展。而要办好相关活动,活动主题、活动形式和宣传渠道是关键。

兴趣是一切学习活动的开始。为此我们应该充分了解学生广泛而独特的个性与爱好。以此为据选择设计活动主题时,应该开阔眼界,与各学科教师乃至优质的校外机构

开展密切的合作,大力推进各个领域的广泛的兴趣培养,如:人文、艺术、科学、工程、数学乃至数字化学习等,使相关活动的内容更为丰富多彩,也吸引更多的学生走进图书馆。

而在活动形式方面,中小学图书馆要突破以往"讲座—书评"单一模式的局限,多举行如"兜兜逛逛上海书展,晒晒我的小书单""大手牵小手,发现最美书店""阅读助推梦想,小记者采访大作家""图书馆小馆长"等各类新奇有趣的活动。同时,中小学图书馆可以逐步将相关的阅读及探究活动与学校的校本课程或社团活动相结合,学生们可以自发组织或者在相关专业教师的带领下,边学习相关书籍,边动手实践,在图书馆所设置的一些独立的创新实践空间内,进行一些如3D打印实践体验、微电影制作体验、AR、VR游戏体验及各类有趣创新的小实验等活动,从而让学生在阅读中产生疑问,在实践中解决问题,于知识和实践中架起一座桥梁,让学生真正地感受到"知行合一"。

此外,为提高活动有效性,还需注意拓展宣传传播渠道。中小学图书馆完全可以利用微信微博等新兴社交软件,开设自己的公众号,以此为线上平台向学生推荐书籍,推广活动。如可以在学校图书馆的微信微博平台上发布"好书推荐""名家讲座""影片放映""创客空间活动预告"等信息,同时邀请教师们和校外的专家学者也进驻这个平台,为学生提供相应的阅读探究指导,形成线上线下师生们的良性互动。

这样,在多方面因素的推动下,阅读推广及探究活动必能在校园里蓬勃发展,走进孩子们的内心深处。同时,图书馆个性化的服务方式,必能促进学生天赋才能的发展,让他们每个人都能光彩熠熠,也使中小学图书馆能与教学改革和素质教育深度融合,真正地成为学生们的第二课堂。

六、结束语

在新形势下,中小学图书馆应该以《关于加强新时期中小学图书馆建设与应用工作的意见》为纲领性文件,将自己的功能定位于学校的信息资源高地、师生们的成长平台、动静皆宜的多维度活动中心,并采取各种措施来提高中小学图书馆的信息水平;让图书馆的功能与课堂教学、素质教育及我们的日常生活更为紧密相关;使中小学图书馆确实成为动静皆宜的活动中心。只有这样中小学图书馆才能在新形势下再度绽放生机,真正成为学生们的第二课堂、学校的信息科研中心、书香社会的助推剂。

参考文献

［1］吴玥.开放·多元·融合：中小学图书馆未来发展的应然选择—学习《关于加强新时期中小学图书馆建设与应用工作的意见》的几点思考［J］.新世纪图书馆,2016(6)：9-12、36.

［2］李新晖.中小学数字图书馆发展趋势与构建［J］.中国现代教育装备,2015(10)：58-61.

［3］郭坚坚.基于新课改核心理念的中学图书馆服务功能拓展［J］.科技情报开发与经济,2010(8)：112—113.

如何发挥我校图书馆
在教育教学及教科研中的作用

上海市彭浦中学　马春燕

摘　要： 中学图书馆可以通过优化管理体制、明确服务宗旨、选购优秀图书、开展图书宣传推介、加强文献资源整合、提高读者服务质量、为教师进修和科研提供文献资料等，使学校图书馆成为学生思想教育的重要基地与提高教学质量及开展教科研活动的文献中心。

关键词： 中学图书馆　教育教学　教科研

随着基础教育改革的日益深化，我校图书馆作为学校图书情报交流中心，既是对中学生进行思想政治教育的重要场所，也是提高教学质量的文献中心，在我校教育教学以及教科研中发挥着重要的作用。

一、学校图书馆成为学生进行思想教育的重要基地

（一）选购优秀的图书供教师学生阅读

每年在选购图书前向老师和学生下发征询意见表，确保所购图书是师生需要的；在此基础上做好图书资料的导读工作，学校图书馆对学生进行思想政治教育主要是通过书籍传递实现的，这是图书馆的特点及优势，通过阅读使学生增长知识、认识社会，树立正确的理想和人生观，学会如何做人起着极大的作用，读一本好书如同认识一位良师益友，所以我们在管理过程中想方设法引导学生选择健康向上的、思想性、知识性、趣味性强的书来阅读，学生在阅读过程中被书中人物的高尚情操所感染，被他们的拼搏精神所鼓舞，被作品强烈的艺术魅力所熏陶，学生在广泛的阅读体验中极大地开拓知识视野，

有所感悟、发现和创意,使学生有了积极主动的学习态度和求知欲望,这种精神上的激励,会在学生头脑中进行潜移默化的人格自铸,从而美化心灵。

(二) 认真做好图书资料的宣传工作

学校图书馆是学校的有机组成部分,是学校教育和教学必不可少的条件,是学生的第二课堂,其宗旨就是"为教师教学,学生学习,提高教育质量和培养人才服务"。我们在每年新生入学后,及时组织各班学生到图书馆开展阅读课活动,向新生介绍馆藏情况和服务及服务内容,规章制度等,并对学生进行书目分类讲座,发放借书证,让学生选择喜欢的图书,同时向学生讲解图书馆藏的分类体系和目录体系,让学生能够快速查阅所需图书资料,使学生认识到图书馆是知识的海洋,只有有效利用图书馆才能获取更多的知识。同时为使学校图书能满足教师和学生的需求,每年发放图书需求表,让读者写下所需图书,并提供一些优秀出版单位的目录供读者们参考。将新书推荐和新书目录及时上传到校园网站,让师生每次都有新的发现,从而激起大家的阅读欲望。

(三) 加强图书文献资源的整合,发挥信息量的最大效应

随着文献资源数字化进程的加快,我校图书馆的文献资料要为教育教学提供有效服务的问题明显增强,随着数据数量的不断增多,师生查找资料的时间也相对增加。为了方便师生们能够快速、准确、及时地查到所需图书资料文献,我们图书馆工作人员将一些分散的原始资料按规律编排装订起来,使之成为"二次文献",为语、数、外、理、化、政、史、地、生以及教育等十大学科提供专题资料。通过整理编制和使用二次文献,使学校教师能够很快适应新课改的思路,加深对新课改的基础性、综合性的理解以及对新课改的选择性和开放性的认知,使学校教学水平进一步提高,在教育教学中发挥信息资源的最大作用。

(四) 树立读者至上的思想,不断提高图书服务质量

我校图书馆为了更好地为师生服务,不断提高管理员的业务水平,认真参加各级部门组织的专业知识培训,建立健全图书馆各项规章制度:如文献采集制度,文献编目工作制度,文献借阅制度,书库管理制度等,做到了管理制度化,做到人人事事有章可循,作为考核工作的主要依据,学校给图书管理员在政治思想、职业道德、专业知识、实际技能等方面提出了明确的要求,业务工作计量化,干什么工作都应当有数量统计,如每天上架多少书

刊,有多少师生来阅读书刊,什么时间读书的人最多等,都有详细的统计,这样便于图书馆掌握业务规律,改进我们的工作。同时我们规范统一了图书标签的标贴位置,使图书排列上架时整齐有序,既美观大方又使教师、学生便于查找,将图书科学有序地排列在书架上,使每一种书籍在书库中有一具体的位置,形成一个有一定规律的检索系统,以便于全开架全方位借阅。

二、我校图书馆是提高教学质量及开展教科研活动的文献中心

(一)我校图书馆为教师的进修和科研提供资料

中学教师担负着教书育人的重任,教师的教学水平直接影响着教学质量,尤其是现在我国的教育正在进行着重大改革,正在培养着与国际社会需要接轨的人才,"科教兴国"给教师提出了更高的要求,教师必须是科研型、学者型的,必须具备高水平的教育科研能力,否则无法适应社会的发展需要,教育工作是一项常做常新永无止境的工作,社会在发展,时代在进步,学生的特点和问题也在发生着不断的变化,培养目标和课程结构的变化,要求教师不仅仅只传授教科书上的知识,还要扩大学生的视野及时发现研究和解决学生教育和管理工作中的新情况、新问题,掌握其特点发现其规律,这就要求我们的教师必须不断学习,利用图书馆开展各种选修课开辟新的教育领域。目前中学教师的知识面还是比较狭窄,而教师每天八小时都在校园里面,没有时间去外面培训学习,这就需要学校图书馆为教师提供足够的课外参考资料来满足教师们的需求,我校图书馆每年除了购买大量的书籍外,还订阅了大量的期刊,其中教育教学类期刊就有近80种,内容涵盖了语、数、外、理、化、政、史、地、生以及教育等学科,很多都是教育部发行的核心期刊,这些期刊为教师教育科研、教师进修以及评定职称方面提供了很多资料,不少教师通过本学科方面的参考期刊撰写了论文并在核心期刊上发表。

(二)我校图书馆为教师的教学提供参考资料

随着时代的发展,传统的教师角色已经不能满足教育工作的需要,以前的教学是教课本,一书在手照本宣科。现在随着教学改革,新知识的不断产生,仅有课本一种教学资料信息已远远不够,必须利用各种相关的参考资料来丰富教学内容,而教育科研也离不开教学与教研,它要研究课程、教材和教法,强调实效性。我校教科研室在教师中开展读书交流活动,让每一位教师在活动中畅谈自己的感受,以促进教师专业理论水平的提高,提升了每位教师自身的文化底蕴。我们图书馆利用各种相关资料来丰富教学内

容,每年将各学科参考索引编辑成册打印,并将电子稿传校园网站方便教师查阅。

三、我校图书馆提高对教师专业发展的服务效能

在新的课改背景下,如何提高教师专业发展的服务效能也是我们图书管理员必须面对和思考的问题。

(一) 我校在管理体制上,学校领导一贯重视图书馆的建设和图书馆发展工作,每年都把图书馆建设纳入全校整体发展规划中,2012 年在学校校舍大修时对图书馆阅览室进行了装修并配置了新的期刊书架及阅览椅,并由一名副校长分管教导主任直接负责开展业务工作。随着人员退休的快节奏,我校又逐步培养和引进了具有达标学历、专业知识及计算机技术等综合素质的人员。以进一步提高图书馆工作人员的综合素质,更好地为教育教学服务,学校为了保证有足够的图书供教师利用,在经费方面能切实保障图书经费的使用并逐年有相应的增加,做到图书经费专款专用并合理地使用,以教学为中心,以实用为原则,优先采购教育教学用书,保证了教学质量,提高了资金利用率,使馆藏质量逐年有所提高。学校现有纸质图书 37 864 册,电子图书 222 册,纸质期刊 150 种,电子期刊 100 种,报纸 33 种等,我们的管理员严格按照《中国图书馆分类法》第五版分类,按《文献著录总则》进行规范著录,加工周期快,新书上架及时。根据学校教科研的要求,我们有针对性地搜集有关教学和科研等方面的资料并编制成二次文献同时利用图书馆网站、宣传栏等形式开展图书信息的宣传与报道,馆内各项规章制度齐全,规范。

(二) 我校在读者服务上,明确服务宗旨及教改政策,提供主动服务,紧扣教学科研计划,适应教学深度,针对教师层次,搜集前沿资讯。学校图书馆做到全天开放,提供主动服务,主动推荐、引导教师进行资料的查询,有针对性地向教师推荐提供与其学科、教学进度、专业水平、研究方向相适应的信息,主动引导教师利用电子资源快速查询,并做好导读工作,能够积极利用校园网络做好新书推荐和新书介绍工作,定期向教师介绍馆藏资源介绍和信息整理工作,及时向教师征询意见,提供令教师满意的服务,并做好反馈工作,阶段性地整理馆藏,按各学科的需求比例配备图书,相应地在教学过程中提前准备,提供读者专题参考咨询服务并做好良好的反馈记录。

(三) 图书馆工作是一项服务性工作,为了更好地服务教学,我们设立了读者意见箱,以此改进我们的工作,在工作中始终以优质服务为核心,树立"一切为了教学,一切服务于教学"的宗旨,不断深化服务内容,加强管理,充分发挥图书馆的功能,为教育教学及教科研提供了资料保障。

优化读者服务

——让学生更添学习活力

上海市青云中学　杨妹妹

摘　要： 文章认为转变观念、坚持以读者发展为本，图书馆的一切工作都应围绕着学生的需求展开；了解学生、激发学生的阅读兴趣，是提高读者服务工作的前提；开展形式多样、助推学生学习活力的阅读活动，是架构学生与图书之间的桥梁。

关键词： 读者服务　阅读兴趣　阅读活动

学校图书馆作为实施素质教育的重要场所，是引领学生走进知识海洋的第二课堂。因此图书馆要实现自身价值，就必须明确图书馆的一切工作都应围绕着学生的需求展开，要理解读者、关注读者、尊重读者，从读者的利益和需求出发，整合图书馆的各种资源和服务功能，开展形式多样的读者服务工作，才能让学生在浩如烟海的图书中获取知识，提高综合素质，从而不断提升自己的人格魅力，逐渐形成正确的价值观、人生观、世界观。

一、转变观念，坚持以读者发展为本

随着计算机技术的飞速发展，学生的阅读方式是多样化的。大量的电子图书应运而生，纸质图书已经不再是阅读者阅读图书的唯一方式，作为以纸质图书为主的中学图书馆，工作人员不能再抱有传统的"以书为本"的思想。转变观念是开展读者服务工作的基础。读者服务工作中首先要树立"以人为本"的观念，图书馆工作人员必须努力学习新知识、新技术，提高图书信息资源整合能力。在借阅过程中，图书馆工作人员更要关爱学生、尊重学生,了解学生的阅读需求。仔细分析学生的个性和学习的差异性,如果一味地主观推荐自己喜欢的图书给学生,那么图书利用率就不高。一味地强调图书藏的功能,那么图书馆的图书就失去了存在的价值。所以资料室的藏书也不能单单成为华丽的摆设,也要打破尘封,让那些工具书、百科全书真正走进读者,从而充分发挥馆藏作用,形成一个以服务为导向、读者需求变化为动态的服务体系。

二、了解学生,激发学生的阅读兴趣

了解学生的阅读兴趣是提高读者服务工作的前提。在借阅过程中发现学生的阅读需求存在很大的差异性,图书馆老师在深入调查的基础上,发现有些学生喜欢语文课文中作者的作品。如学了朱自清的《背影》、萧红的《祖父和我》、鲁迅的《社戏》,图书馆里朱自清、萧红、鲁迅的其他作品一下子成了抢手货。有些学生通过电视媒介喜欢一部作品。如姜戎的《狼图腾》、二月河的《康熙大帝》、丹·布朗的《达芬奇密码》等。有些学生喜欢一些网络畅销作品,如南派三叔的《盗墓笔记》、当年明月的《明朝那些事儿》中央电视台的百家讲坛系列图书等。图书馆老师在借阅中应该因人而异,不能一味只推荐文学名著、名家散文给学生,这样会让一些学生读起来很吃力,从而造成只是为了读而读,没有为了学而读。有些学生的求知欲特别强,涉及的图书类型很广泛,造成学校藏书的更新率来不及满足其需求;这就需要图书馆针对不同学生的阅读兴趣来建立学生阅读档案,主动了解语文教材中的名家作品、关注热门畅销作品,购买学生喜欢的图书。鼓励多借书的学生打破图书借阅量和空间上的局限。让他们从每次借 1 本扩大到 3 本。从书库扩大到资料库范围借阅。并且每学期根据学生的阅读档案评选出阅读之星。让他们去感染身边更多的同学走进图书馆、享受图书馆,如今阅览室的人流络绎不绝,加上阅读课的学生、学校文学社团的学生,图书馆已经成为师生读书文化交流的中心,并在学生中间形成一种有效的激励机制与良好的文化氛围。

三、形式多样,阅读活力助推学生学习活力

学校图书馆针对学生的阅读兴趣开展了形式多样的服务工作。苏霍姆林斯基说过:"书籍也是一种学校,应当教会每一个学生在书籍的世界里遨游。"图书馆有责任帮助每一个成长的学生通过阅读来激励自己的学习活力,从而掌握更多的课外知识和自主学习的能力。

(一) 图书信息做到馆、校、区三方面的有效结合

每个图书馆都会有不少图书长期滞留书库,无人问津;有许多好书"养在深闺人不识"成为"沉睡的巨人"。如何将它们从沉睡中唤醒,博得读者的喜欢? 广泛宣传、适时介绍与良好推荐显得十分重要。一本图书只是静态地排列在书架上,而通过宣传栏图文并茂的介绍就会将图书变静态为动态,让学生知晓甚而爱上图书。我校图书宣传栏形式多样、内容丰富。不仅有新书推荐还有配合市区读书活动的"世界读书日,好书伴我行""古诗词鉴赏""名家精品赏析"等。但是图书宣传栏由于地域的局限性只能吸引到馆的学生,因此,图书馆还通过校园网这个最方便、宽广的宣传渠道,编制新书目录、教学科研二次文献、书评专栏等方式及时灵活地宣传图书。这样不仅可以让学生及时了解图书馆的最新动态还可全方位地敞开图书馆封闭的门窗,从而更有效地提高图书的利用率。此外,我校图书馆还链接了区中小学图书馆教研网,使读者服务工作实现了区域合作与馆际共享。我们通过区教研网这个平台不仅可以展示本校的读者服务工作、积极参与市区组织的学生读书活动,还可以借鉴其他学校的先进工作经验,不断完善我校图书馆的读者服务工作。

(二) 加强馆藏建设,深化图书馆文献服务

图书馆在采购图书之前广泛听取师生意见,购置内容丰富的图书,这样不仅丰富了馆藏资源、满足了教学要求,而且藏书结构更趋科学合理。由于学生的学业比较繁忙,为了节约学生查阅学习资料的时间,图书馆把期刊工作重点转移到信息整合和利用上。学校图书馆根据学生学习的要求,每月将图书馆有序分散的杂志进行有效的资源整合,按学科加工成针对性好、实用性强的二次文献。如将《作文通讯》《全国优秀作文选》编成有关初中作文主题的二次文献;将《数理天地》和《中学生数理化》中有关的习题编成理科习题的二次文献;将《英语沙龙》和《英语阅读世界》编写成有关英语阅读的二次文献。通过学科资源的整合来发挥文献资源的最大效益,这样不仅满足了学生的借阅需求也提高了学生自主学习的能力。

(三) 引导学生读好书、用好书,重视读者个性化服务

我校图书馆藏书近 7 万册,学生进入图书馆如同坠入知识的汪洋大海。怎样才能在这汪洋大海中寻找到所需一叶小舟,这就需要我们在读者服务工作中充分发挥主动性和针对性原则。为此,我们主动邀请语文教师推荐优秀书目。根据每个年级学生的

个性特点为其推荐不同内容的图书。为六七年级推荐一些集知识性与趣味性于一体的图书。如"国际获奖小说"作品系列、"可怕科学"系列、"冰心文学奖"获奖作品系列等。为八九年级推荐一些名家散文、人物传记类图书。如余秋雨文化散文、中国古诗词鉴赏系列、中外文学家传记系列等。文学家伏尔泰说过："书读得越多而不假思索，你就会觉得你知道得很多，但当你读书而思考越多的时候，你就会清楚地看到你知道得很少。"因此学生阅读不能只停留在看上而更重要的是要学会如何用。我们会通过阅读课指导学生做好阅读笔记和阅读心得的交流，让他们在阅读中学会借鉴作者的写作技巧、巧用作者的思维方法激发自己的写作热情，进一步提高自身的审美修养和思想水平。

（四）重视学生文化情感，积极开展形式多样的读书活动

校园文化作为学校素质教育的延伸，它在学校教育实践活动中具有举足轻重的地位。我校的校园文化活动是丰富多彩的。每学期都会召开以拓宽知识、陶冶情操为主题的读书节。在读书节活动中，我们感到图书推荐应是一种双向的行为。图书馆购书也好，教师荐书也好都难免不合学生口味，令学生敬而远之。因此尊重学生的阅读自主权，让学生读到自己喜欢的书，才能书尽其用，效益最佳。为此图书馆制作了推荐表，让学生从介绍图书内容入手，写明推荐理由，再由图书馆老师审阅，从中挑选出一些图书作为图书馆采购书目。通过这样的方式，让学生与图书馆之间形成一种良好的互动沟通，学生在活动中也充分发挥了主观能动性，让学校图书馆的图书流动起来，活了起来。图书馆根据每人的借阅量、推荐图书的质量、读后感的写作进行综合评比，评出阅读之星，通过读书节活动，学校倡导学生每天走进图书馆借阅一本好书，与家人分享一本好书，写一篇读书心得，让学生内心开始确定一种信仰：阅读是生命中不可缺少的一个重要组成部分，让阅读成为一种习惯。同时图书馆还积极配合市区读书精神，在学校教导处和班主任的大力支持下，组织各班学生写读后感、设计读书小报，使学生在读书活动中开阔视野、拓宽知识、陶冶情操。通过组织各项读书活动，将创新教育融于读书活动中，不仅提高了学生的阅读能力和写作能力，还有效促进了学生学习与图书馆资源的整合。我校在读书活动中也取得了不少成果。学生多次在市区获奖，学校也在市区活动中多次荣获优秀组织奖。

读者服务工作是联系读者与图书之间的桥梁。图书馆作为学校的重要服务部门，工作人员更要不断更新观念，主动了解学生的阅读兴趣，让图书馆真正成为全校师生获取知识的乐园。就像惠普尔说的："让图书成为屹立在汪洋大海中的灯塔。"指引每位师生走进图书馆、爱上图书馆。

浅谈新时期图书馆工作中的创新提高

同济大学附属七一中学　叶　洁

摘　要：文章认为要营造图书馆良好的阅读、学习的氛围,使学校图书馆成为引导学生个性发展、培养创新人才的重要场所与为高素质教师队伍建设提供文献支持的基地。要创造条件,提高图书利用率,重视图书馆员队伍的建设。只有注重图书馆工作的不断创新,才能真正有助于教学资源的开发利用和学生创新能力的培养。

关键词：中学图书馆　工作创新　馆员素养

使学生"具有初步的创新精神、实践能力、科学和人文素养以及环境意识",是 21 世纪高质量人才的最主要内涵。随着课改的深入,教育观念、教育模式正发生着深刻的变革,这不仅是对教师的挑战,同时也给各中小学图书馆带来了新的考验和挑战。

图书馆是学校的书刊情报资料中心,为学校的教育教学和教育研究提供服务的机构,也是学生重要的"第二课堂",新课改也要求学生综合全面的发展,注重教学资源的开发利用和学生创新能力的培养,都突出了利用图书馆的重要性。我们管理人员该如何转变旧的观念,改变服务方式,使其不只是一个单纯的借阅室或者藏书楼;如何积极主动地配合学校,切实为提高学生的科学素养服务;怎样以学生发展为本,培养社会所需要的创新型人才,发挥图书馆不可替代的特殊作用等等,这些都是值得我们思考的课题。

一、图书馆应营造良好的阅读、学习的氛围

众所周知,环境对人的思想、品性、修养具有潜移默化的影响,图书馆要为师生营造

整洁、干净、优雅而充满文化气息的阅读氛围,墙壁上可以张贴书法字画、名人名言,或者本校师生的绘画摄影作品等,也可以把学生的读书感悟、好书推荐、书摘随笔贴放在馆内的宣传栏里,以此激励和吸引更多的学生来此阅读、借书、学习或者合作学习,彰显"开发潜能、健全人格、和谐发展"的办学理念,体现"文明和谐、健康向上"的时代主题,提高图书馆的利用率。

二、让图书馆成为引导学生个性发展,培养创新人才的重要场所

课程改革的中心就是培养学生独立思考的能力,以及与周围他人愉快合作学习的能力,获取知识的过程可以在教师的指导下进行,更重要的就是他们自己独立思考、寻找资料,图书馆就是学校课堂教学的延续和补充,培养和锻炼学生自己掌握信息技术素养的重要场所,在图书管理人员的指导下,他们可以利用文献检索,也可以在电子阅览室进行网上查询,在阅读课上,也可与班级同学一起讨论,获取信息的渠道是多种多样的,在这里可以充分发挥学生的个性,符合创新人才提倡的自主学习、合作学习和探究学习。

三、图书馆应努力成为高素质教师队伍建设的营养基础

这里是学校教育教学的重要阵地,作为管理人员我们应该转变服务理念,与时俱进,不能简单地把图书馆当作师生的"借阅室",应该融入教育教学中,主动深入学科教研室,时刻关注学校的科研动态,参与课题服务中,这样才能有针对性地收集各类教学科研资料,购买高质量有价值的相关书籍和情报信息,使馆内工作和教学科研互为促进、相得益彰,才能更充分地发挥图书馆信息服务的作用,也可以利用网络搜索、购买电子教育期刊等方法让老师们快速获取所需的最新资料,服务于教师,通过各种文献渠道为他们补充科学教育的营养,使之成为学校知识信息保存与传递、扩散的重要机构,为培养高素质的师资队伍,图书馆也肩负着十分重要的任务。

四、创造各种条件,提高图书利用率

(一) 改变传统观念,创新服务意识

加强班级图书角的建设,培养班级小管理员来管理书籍,学期结束评选优秀管理员,进行表彰和鼓励,以吸引学生,或者利用图书漂流的方式提高书籍的整体利用率。

（二）加强馆藏建设，优化藏书资源

在保证图书内容健康的前提下，购买师生需要的书籍，激发阅读的兴趣。藏书是学校图书馆构成的最根本的要素，作为管理人员应及时了解新书动态、学科主题、了解师生的阅读需求，增强所购书的针对性、实用性、趣味性，及时更新图书，优化书籍结构，来提高师生的阅读满意度，加强馆藏资源建设的力度，以促使图书的利用率得到提高。

（三）加强宣传力度

利用学校图书馆网页、宣传栏、板报、校刊等多种交流平台方式，进行新书介绍、编制书籍目录，让师生及时了解藏书信息，吸引更多的读者借阅，感受阅读带来的乐趣，并有目的有计划地向学生推荐优秀书籍，帮助他们选择适合自己的读书方法；指导学生使用工具书及图书分类等知识，通过一系列图情知识教育，使学生提高使用图书的效率，营造浓厚的阅读氛围，以此提高书籍资源的利用率。

五、重视和提高图书管理人员队伍的建设

学校图书馆要可持续发展，需要有一支高素质、稳定的人员队伍，来适应当今信息化社会的要求，图书馆工作是一项集服务性、技术性、学术性于一体的综合性工作，作为管理人员要加强馆内专业知识培训，更新观念，不断提高自身的业务水平和信息素养，认真学习各类业务书籍，积极参与学校科研、文摘书评等活动，努力成为学习型馆员，不断提升自己的职业自信、责任自信，同时图书馆工作的落实和开展需要得到学校领导、职能部门、学科教师的大力支持和积极配合，因此必须加强自身的协调沟通能力，内部人员之间要团结协作，结合学校的办学理念和办学特色，并根据图书馆的实际情况制定工作计划，发现工作中存在的问题，及时总结经验和不足之处，共同完成工作目标。

总之，图书馆工作是一项系统工程，需要领导的充分重视，管理人员的努力学习，提高业务水平，增强业务素质，了解师生的阅读需求，主动服务，深入科研，与时俱进，拓展和延伸图书馆的功能，为全校师生提供更完善更优质的信息服务，更为祖国的未来提供一份真正的精神领地，为促进图书馆的可持续发展添砖加瓦。

第五篇　调查与研究

从中小学图书馆图书逾期情况
看师生逾期行为的差异

上海市育才中学　祁文瑜

摘　要：本文通过对学校图书馆图书逾期数据多角度的统计与分析揭示了本校师生逾期行为的差异和特征，分析了师生间逾期行为存在差异的原因，进而提出了对学校图书馆工作改进的启示与思考。

关键词：中小学图书馆　图书逾期　逾期行为差异

中小学图书馆是为在校的全体师生服务的文献资源中心。[1]图书馆的读者借阅逾期行为，是图书馆流通活动中较为普遍存在的一种违规行为，是图书馆管理活动面临的一个棘手问题。在文献资源稀缺条件下借阅逾期不仅影响图书馆文献的流通和利用，损害了其他读者的权益，也增加了读者和馆员之间的矛盾和纠纷，损害了图书馆的形象。因此过高的逾期率应是图书馆必须认真对待并及时解决的问题。更重要的是，逾期现象的意义并非仅仅是用户行为问题，其背后多隐藏着图书馆工作改进完善的空间。

本文就试图从中小学图书馆图书逾期情况的统计与分析来揭示教师与学生图书逾期行为的不同，并尝试着给予相关原因的分析与讨论，进而提出图书馆相关工作的改进建议，使图书馆能更好地为全校师生服务。

一、对图书逾期情况所做的统计与分析

（一）对师生所借图书平均逾期时长的统计与分析

笔者对图书馆近五年的图书逾期数据按照教师与学生的不同身份统计了平均逾期时长，得到了表1和表2。

表1　教师平均逾期时长

	2016 年	2015 年	2014 年	2013 年	2011 年
总天数	63 753	29 717	58 909	42 276	16 358
总人次	522	345	498	401	319
平均天数	122.132	86.136	118.291	105.426	51.279

（注：1. 本文中所有图书数据来自科星图书管理系统 2000 版软件。2. 本文中所有的统计工作都是利用 Excel2007 软件完成的。3. 因本表格统计的数据截止日期为2017 年 4 月 19 日，无法反映 2017 年全年情况，故略去 2017 年的数据；4. 2012 年度因为学校大修从 6 月中旬闭馆至 10 月初，后又因为清点图书闭馆，故当年数据也略去。以下同。）

表2　学生平均逾期时长

	2016 年	2015 年	2014 年	2013 年	2011 年
总天数	49 816	52 555	35 102	50 777	29 755
总人次	1 111	1 192	903	989	1 077
平均天数	44.839	44.090	38.873	51.342	27.628

从表 1 和表 2 可以看出，教师所借图书的平均逾期时长要远远大于学生，也就是说教师在发生图书逾期行为时倾向于更长的逾期时间。那么具体到精确的逾期时间长度时，教师与学生之间又会有什么样的差异呢？

（二）对师生所借图书具体逾期时长的统计与分析

笔者将图书逾期数据以教师与学生的不同身份按照不同的时间长度分别进行了统计。然后，为了便于比较，将各具体册数换算成了百分比，从而得到了表 3 和表 4。

表3　教师所借图书各逾期时长百分比统计

百分比　年 时　长	2016 年	2015 年	2014 年	2013 年	2011 年
一周以内	8.429	8.406	11.646	19.950	24.138
两周以内	8.812	6.956	5.221	14.713	9.718
一月以内	7.088	14.782	11.446	10.474	13.793

续 表

百分比年 时长	2016 年	2015 年	2014 年	2013 年	2011 年
三月以内	40.421	36.522	30.924	20.200	36.677
半年以内	23.180	20.580	22.088	16.209	9.718
一年以内	2.300	10.435	14.659	12.718	5.956
一年以上	9.770	2.319	4.016	5.736	0.00
合　计	100	100	100	100	100

表 4　学生所借图书各逾期时长百分比统计

百分比年 时长	2016 年	2015 年	2014 年	2013 年	2011 年
一周以内	34.923	36.661	41.085	41.658	48.839
两周以内	20.072	13.675	17.719	19.009	16.341
一月以内	16.382	17.366	17.386	14.358	15.692
三月以内	15.122	23.154	13.400	13.246	11.885
半年以内	8.101	5.453	5.316	2.932	3.900
一年以内	2.700	0.839	3.876	5.157	2.600
一年以上	2.700	2.852	1.218	3.640	0.743
合　计	100	100	100	100	100

　　分析表 3 和表 4 可以看到,教师所借的图书以一个月以上、三个月以内的逾期时长为最多,而学生所借的图书则是以一周以内的逾期时长为最多。

　　在分析了逾期图书的逾期时长后,笔者又做了师生所借逾期图书新旧程度差别的统计与分析。

(三) 对师生所借逾期图书新旧程度差别的统计及分析

　　图书馆每年都有新的图书上架,而对于新旧程度不同的图书,教师与学生在借阅并发生逾期行为后,其差异又是怎么样的呢? 笔者分别统计了教师与学生所借逾期图书的上架时长,同样,将具体册数换算成了百分比,从而得到了表 5 和表 6。

表5 教师所借逾期图书上架时长的百分比统计

百分比 年 性质	2016 年	2015 年	2014 年	2013 年	2011 年
两年内上架图书	34.291	36.522	20.482	20.698	30.721
两至三年间图书	13.027	13.043	7.028	18.953	7.837
三至四年间图书	6.705	4.058	10.843	9.726	11.285
四至五年间图书	3.448	7.246	7.229	4.987	6.583
五年前图书	42.529	39.131	54.418	45.636	43.574
合 计	100	100	100	100	100

表6 学生所借逾期图书上架时长的百分比统计

百分比 年 性质	2016 年	2015 年	2014 年	2013 年	2011 年
两年内上架图书	12.871	24.665	19.269	7.887	28.691
两至三年间图书	16.832	6.040	3.765	14.156	6.128
三至四年间图书	6.661	2.936	12.514	14.560	11.978
四至五年间图书	3.150	10.570	9.745	7.179	9.285
五年前图书	60.486	55.789	54.707	56.218	43.918
合 计	100	100	100	100	100

分析表5和表6可以看出,教师所借阅的逾期图书中近两年上架的新书比例要大于学生,而其所借阅的逾期图书中五年前的图书比例则小于学生。

通过以上三个角度对图书馆图书逾期数据的分析,我们得出了师生之间图书逾期行为上的以下差异:1. 教师所借的图书平均逾期时间要远远长于学生;2. 更多的教师在图书逾期时其时长集中于一个月至三个月之间;3. 更多的学生存在图书短期逾期的行为;4. 教师所借的近两年的新书逾期情况要多于学生,而其所借的五年前的图书的逾期情况则少于学生。

那么为什么师生间会存在以上的逾期行为差异呢?笔者尝试着从以下角度来进行原因的分析。

二、师生间图书逾期行为的差异所产生的原因

(一) 师生借阅权限不同

目前我校师生图书的借阅权限如表7所示。

表 7　师生借阅权限

	图书数量（册）	文艺类图书		教学参考类图书	
		借期（天）	续借（天）	借期（天）	续借（天）
教师	15	90	20	150	30
学生	3	20	20	30	20

　　根据表 7 可知，无论是文艺类图书，还是教学参考类图书，教师可以借阅的图书时间都要远远长于学生，而且教师可以借阅的图书册数也远远多于学生，但是正是由于这样宽泛的借阅权限，使得教师每次在借阅图书时，所借阅的图书数量容易超出自己正常情况下可以及时看完的极限，从而导致最终的逾期。而且可以借阅的图书数量过多也会导致图书因为分散保存而遗漏归还，从而使图书逾期。同时，因为教师所借图书的借期太长了，使其忽视了图书超期的可能性，反而引起了图书的逾期。另外，由于借期长，借阅时间与应还时间相隔太久，使得教师容易遗忘图书应该归还的时间，从而导致了图书的逾期。而学生则与之相反，可以借阅的图书数量少，则可以集中精力阅读所借图书，从而早借早还。虽然学生也会有遗忘了图书归还时间这样的事情，但是正是因为学生的图书借期短，使其能有一定的警觉性，从而使其真正逾期时也是以较短时间为主。

（二）师生借阅行为不同

　　我校图书馆是全天候开放的，但是学生借阅图书只能在中午和傍晚的统一开放时间，而教师的借阅行为则可以发生在全天的任何一个时间段，而新书的上架时间则多是在学生上课的时间段，这就使得教师能够更早的借阅到新书，再加上有老师在图书加工过程中就会向工作人员预约某些新书，从而使得教师客观上有了更多的新书借阅机会。同时，相对比较而言，教师更为关注新书，了解新书的信息渠道也多于学生，而学生更倾向于借阅经典读物，对新书的了解则往往滞后。以上两个方面的原因导致了教师借阅新书的比例要高于学生，并进而影响了逾期图书的情况。

（三）师生逾期后果不同

　　按照学校的规定，图书逾期之后在归还时应该处以罚款，但是在实际操作中，因为情面关系，教师的图书逾期罚款情况非常之少，但是针对学生则相应的处罚要严格得多，这直接导致师生对于图书逾期问题的重视程度不尽相同，从而影响了师生的逾期行为。

　　通过本文的统计和分析我们可以看出，教师与学生的图书逾期行为确实存在着差异,而其形成原因则是多种多样的。那么,在分析了解了这些原因后,我们又可以怎样改进我们的工作呢?

三、逾期行为统计分析对图书馆工作改进的启示和思考

(一)适当调整师生借阅权限

由于前文分析过的原因,笔者认为可以适当调整师生借阅时限,并增强制度的灵活性。同时,完善和简化图书借阅权限的规定,增强制度的可操作性。

(二)加强图书借阅制度的宣传和告知工作

在新生入学及新教师入职时委托学生工作部门及人事部门给予图书借阅制度的书面告知文稿,并口头宣讲,以保证新人知晓。[2]同时,在借阅图书时提醒借阅者图书归还时间,防止图书逾期行为的产生。此外,还可对制度文本表述的清晰度及对制度公示和告知形式的醒目程度等精心设计,改进完善。

(三)开展图书催还工作

定期开展图书催还工作,在图书临近逾期时及时提醒师生,以减少逾期行为的发生。对于图书已经逾期的情况则及时反馈到师生本人,敦促其早日归还图书,以缩短图书的逾期时长。在催还工作中,既要注意制度执行的人性化,又要注意用适当的形式向读者进行诚信意识和诚信精神的宣传。

(四)加强新书的阅读推广和电子资源的开发工作

伴随着新书上架,及时发布新书目录,通过网络、报纸等各种途径搜集新书书评并做好新书推荐工作,让学生更多更全面的了解新书,以提高学生借阅新书的兴趣,从而增加学生借阅新书的比例。同时积极开发电子信息资源也是缓解文献资源紧缺,减少借阅逾期发生的有效手段。

总之,对师生间逾期行为差异深层次的分析和讨论揭示了中小学图书馆工作提升的空间,关注这些空间并进而改善才能将服务于师生的图书馆工作做得更好更完善。

参考文献

[1]上海教育,上海市教育委员会[DB/OL].[2016 - 09 - 21].http://www.shmec.gov.cn/html/

xxgk/201609/402052016007.php.

［2］刘皖淮,杜莲娜.高校图书馆图书逾期不还现象的思考与对策[J].内蒙古科技与经济,2009(9)：
126,129.

［3］付立宏,丁娜港.澳台高校图书馆用户逾期行为处理政策探析[J].图书馆,2012(5)：96—98.

静安区中小学图书馆的现状与思考

上海市静安区教育学院　　黄　宁

摘　要：中小学图书馆是学校培养学生阅读素养、提升学生综合素养和全面推进素质教育的重要场所。本文是基于"静安区中小学图书馆基本情况调查问卷平台"的数据，采用数据统计等方式，结合实地调研走访等形式所获得的信息，简要分析静安区中小学图书馆现状，提出进一步推进中小学图书馆建设的思考。

关键词：静安区　中小学　图书馆建设

教育部在 2003 年发布的《中小学图书馆（室）规程（修订）》对图书馆下了一个非常明确的定义："图书馆是中小学校的书刊资料信息中心，是为学校教育教学和教育科学研究服务的机构。"近几年，随着政府对教育的重视程度，特别是对义务教育、基础教育的关注度越来越高，与其相匹配的是政府对学校教育的投入建设也越来越大。而中小学图书馆作为中小学校文献资源中心、学校文化建设和课程资源建设的重要载体，其建设与管理服务也越来越受到各方的关注与重视。

上海市教育委员会于近几年根据国家有关部委的相关文件精神，结合上海市中小学图书馆的实际情况，特制定了《上海市普通中小学图书馆规程》等一系列相关文件，对进一步规范全市中小学图书馆的工作提出了具体的要求。

根据国家部委和市教委的有关文件精神，为扎实推进静安区中小学图书馆的建设，切实掌握和准确评估静安区中小学图书馆的实际情况，静安区在完成"原静安区"和"原闸北区"的"撤二建一"的工作后，便立即着手开展对全区中小学图书馆的调研走访工作，深入一线了解准确信息，同时将中小学图书馆基本情况的统计纳入日常的工作中。

　　本文中的统计数据均是基于 2017 年年初由静安区中小学图书馆工作委员会(简称"图工委",下同)组织研发的"静安区中小学图书馆基本情况调查问卷平台"系统(简称"平台",下同)所获得的全区近百所中小学图书馆自行上报的数据,通过对这些基本数据以及相关信息的综合整理分析,可以初步展现新静安区在成立之初的全区中小学图书馆的现状,并就此提出进一步推进中小学图书馆建设的相关思考。

一、统计分析对象、内容、方法与数据的处理

(一) 统计对象

　　本次统计的对象为静安区全日制的中小学图书馆,总计 93 所,包括小学、初级中学、高级中学(含职业高中)、完全中学、九年制义务学校图书馆。

(二) 统计内容

　　本次统计分析的静安中小学图书馆基本情况数据截至 2016 年 12 月 31 日的信息,统计分析的涵盖有图书经费等内容。

(三) 统计方法与数据的处理

　　为了客观重点地展现新静安在成立之初的全区中小学图书馆建设的现状,特将"平台"中的主要数据进行相关处理后予以罗列。

二、数据比较与分析: 中小学图书馆的现状

(一) 工作人员及其结构

　　中小学图书馆工作人员是开展图书馆相关工作和活动的主要工作者,图书馆工作人员的多少、文化程度的高低等情况将直接影响中小学图书馆工作的质量和效率。

表 1　馆均工作人员数与人均服务学生数情况表

项　　目	馆均工作人员数 (单位: 人)	图书馆人均服务学生数 (单位: 人)
高级中学(原静安)	4.0	220.3
高级中学(原闸北)	2.6	279.0

续　表

项　　目	馆均工作人员数 （单位：人）	图书馆人均服务学生数 （单位：人）
高级中学（新静安）	3.2	249.7
完全中学（原静安）	2.2	447.8
完全中学（原闸北）	1.8	511.3
完全中学（新静安）	2.0	476.4
初级中学（原静安）	1.6	395.6
初级中学（原闸北）	1.5	384.7
初级中学（新静安）	1.5	387.7
九年一贯制学校（原静安）	2.6	263.7
九年一贯制学校（原闸北）	1.7	267.4
九年一贯制学校（新静安）	2.1	265.4
小学（原静安）	1.1	642.3
小学（原闸北）	1.1	596.7
小学（新静安）	1.1	608.3

从表 1 的数据中不难看出，全区中小学图书馆人员人均服务学生数均非常大，特别是义务教育阶段。从表 1 的数值中能直观地感受到全区中小学图书馆工作人员所要承担的日常的工作并不轻松。

表 2　图书馆人员学历与接受培训占比情况表

项　　目	学　历　情　况				接受培训情况	
	研究生学历	本科	专科	中专及以下学历	已培训	未培训
原静安人数占比（单位：％）	3	70	19	8	90	10
原闸北人数占比（单位：％）	2	59	29	10	91	9
新静安人数占比（单位：％）	2	64	25	9	90	10

从表 2 的数据中可以看到，全区中小学图书馆人员的学历结构正在不断地得到优化，本科及以上学历的人员占比已达近七成，全区中小学图书馆人员队伍中已经接受图书馆专业方面的专业性知识的培训数量已达九成，正是因为有了这些高学历高素质人员的加入，才使全区中小学图书馆工作得到了蓬勃发展。

表3 图书馆工作人员年龄、馆龄及馆长待遇情况表

项　　目	年龄（单位：岁）				馆龄（单位：年）				馆长与教研组长待遇比较情况	
	25及以下	26至35	36至45	46及以上	0至5	6至10	11至20	21及以上	不低于	低于
原静安占比（单位：%）	1.7	15.5	34.4	48.4	29.3	20.6	41.3	8.8	24	76.0
原闸北占比（单位：%）	2.1	6.3	43.1	48.5	37.3	13.1	29.2	20.4	12.9	87.1
新静安占比（单位：%）	1.9	9.8	39.8	48.5	34.3	15.9	33.7	16.1	16.3	83.7

从图书馆人员年龄段和馆龄段来看（参看表3），中小学图书馆人员队伍当下属于中老年，年轻的人才队伍建设仍需不断加强。中小学图书馆馆长的待遇在相关的文件精神中明确规定："中小学图书馆馆长的待遇不低于教研组组长的待遇。"但从表中的数据可以看出，这种情况非常不乐观。馆长待遇的长期不落实或者打折扣落实，必将严重影响中小学图书馆队伍的建设。

（二）图书经费

图书经费是图书馆开展藏书建设和提供文献资源服务的基本保障。近年来，原两区对中小学图书馆的图书经费的投入做到了生均足额甚至超额的保证，为中小学图书馆新书的采购提供了坚实的保障。从图书经费情况表的数据中可以看到（见表4），全区中小学的生均图书经费达到了相关的要求。

表4 图书经费情况表（单位：元）

项　　目	生均期刊、报纸经费	生均图书经费
高级中学（原静安）	52.4	63.5
高级中学（原闸北）	33.1	57.7
高级中学（新静安）	41.6	59.7
完全中学（原静安）	22.1	55.4
完全中学（原闸北）	34.4	89.7
完全中学（新静安）	28.3	72.4
初级中学（原静安）	39.6	100.7

续　表

项　目	生均期刊、报纸经费	生均图书经费
初级中学（原闸北）	24.0	66.1
初级中学（新静安）	28.4	75.9
九年一贯制学校（原静安）	27.1	118.2
九年一贯制学校（原闸北）	34.2	54.4
九年一贯制学校（新静安）	30.5	88.2
小学（原静安）	21.7	114.4
小学（原闸北）	22.6	69.2
小学（新静安）	22.4	81.4

（三）图书馆藏书建设

随着政府有关部门对中小学生图书经费的足额保障，促进了中小学图书馆的文献资源的建设。截至 2016 年底，全区中小学图书馆纸质藏书总量达到近 400 万本，纸质藏书总量数目巨大。全区生均纸质藏书数量也都较为理想（见表5）。面对全区中小学校图书馆如此庞大数量的纸质藏书量，如何高效利用，挖掘其潜在价值，成为摆在每一个图书馆人面前的一道值得研究的课题。

表5　馆藏资源情况表

项　目	纸质藏书总量（单位：本）	生均藏书量（单位：本）	数字图书（单位：册）	各类数据库（单位：个）	音箱、光盘资料（单位：件）
高级中学（原静安）	292 708	83.0	0	2	16 883
高级中学（原闸北）	392 246	87.8	48 006	2	4 805
高级中学（新静安）	684 954	85.7	48 006	4	21 688
完全中学（原静安）	424 249	73.1	10 519	4	11 006
完全中学（原闸北）	193 077	51.7	42 224	0	4 232
完全中学（新静安）	617 326	64.7	52 743	4	15 238
初级中学（原静安）	276 105	69.7	10 099	0	5 387
初级中学（原闸北）	599 472	59.9	39 420	7	4 928
初级中学（新静安）	875 577	62.7	49 519	7	10 315
九年一贯制（原静安）	80 380	59.1	11 547	0	2 787

项 目	纸质藏书总量 （单位：本）	生均藏书量 （单位：本）	数字图书 （单位：册）	各类数据库 （单位：个）	音箱、光盘资料 （单位：件）
九年一贯制（原闸北）	166 825	63.6	6 614	2	606
九年一贯制（新静安）	247 205	62.0	18 161	2	3 393
小学（原静安）	396 334	47.4	78 463	3	8 650
小学（原闸北）	865 895	38.2	167 186	26	2 053
小学（新静安）	1 262 229	40.7	245 649	29	10 703

在现行图书馆文献资源的建设中，中小学图书馆已开始根据文献载体多样化的特点，不断优化和丰富藏书的载体结构。在保证传统纸质图书资源足额足量的基础上，图书馆陆续开始增加光盘资料、数字图书等非传统纸质图书的信息化馆藏。全区中小学图书馆已经陆续从传统纸质图书馆藏的图书馆逐步转型到具备信息化环境的新时期现代化的图书馆。

（四）中小学生读书活动

中小学图书馆组织全校学生积极参与和开展各类形式多样内容丰富的读书活动，也是学校实施素质教育、培育学生阅读素养、促进学生综合发展的重要体现。有的学校在图书馆的组织策划下每年甚至每个学期都举办读书节、文化节；有的图书馆在学校的支持下将读书活动延伸到家庭教育之中，带动全家参与阅读，对和谐家风的形成、对良好家教的养成，起到了重要的作用，产生了深远的影响（见表6）。

表6 2016年图书馆组织学生参与各类读书文化活动获奖人数情况表

项 目	区级 （单位：人）	市级 （单位：人）	国家级 （单位：人）
高级中学（原静安）	4	7	0
高级中学（原闸北）	23	75	6
高级中学（新静安）	27	82	6
完全中学（原静安）	0	29	1
完全中学（原闸北）	38	29	0
完全中学（新静安）	38	58	1
初级中学（原静安）	46	1	0

续　表

项　　目	区级 （单位：人）	市级 （单位：人）	国家级 （单位：人）
初级中学（原闸北）	147	35	0
初级中学（新静安）	193	36	0
九年一贯制（原静安）	1	2	0
九年一贯制（原闸北）	10	6	10
九年一贯制（新静安）	11	8	10
小学（原静安）	1	33	0
小学（原闸北）	239	314	27
小学（新静安）	240	347	27

中小学读书活动的开展对学生全方位素养的提升起到了不可忽视的作用。比如在每年上海市中小学生暑期读书活动中，"主题活动"锻炼了学生的写作能力；"文学创作"培育了学生的想象能力；"读书推荐"提升了学生的赏析能力；"艺术创作"培养了学生的创新与审美能力；"科技作品"培养了学生的探索与科研能力；"电脑作品"强化了学生的动手能力。

长期以来的实践表明，中小学生参与各种形式的读书活动、文化活动已经成为培育学生阅读素养、夯实学生基础素养、强化学生核心素养、拓宽学生综合素养的重要途径。

三、存在问题：中小学图书馆建设存在的主要问题

近年来，全区中小学图书馆建设在原两区有关部门的关心和支持下，图书馆的软、硬件环境都得到了极大的改善。但是在当下的环境中，仍然存在着不少制约全区中小学图书馆进一步发展的问题。

（一）图书馆工作人员的职业认同度较低

随着两区合并，新静安中小学图书馆人员的整体结构得到了优化，整体水平得到了一定的提升，但是一方面随着馆均人员配备数量的长期不增加甚至减少与服务对象人数的增加，使得图书馆工作量持续增加。与此同时，有相当一部分图书馆的工作人员承担着一线教学任务，而为数不多的专职图书馆工作的老师大部分除承担图书馆本职工作外还承担着教务等工作。另一方面，专职从事图书馆工作的人员在职业发展和收入

待遇方面,由于政策的限制和学校长期对图书馆工作价值认识的严重偏差,使得中小学图书馆人员在职业发展、绩效待遇等方面均逊色于教师,甚至出现了图书馆一般人员的待遇几乎等同于后勤人员的待遇,出现了图书馆馆长待遇大多低于教研组长的现象。而这些种种较为严重的"差别化"待遇现象的发生,严重挫伤了图书馆人员的工作积极性,最终导致专职图书馆工作人员对本职业的认同度处于较低水平。

(二) 图书馆文献信息工作长期处于"传统化"水平

一方面是学校对于图书馆馆藏文献资源正常的"新旧更替"未予准确认识,片面追求"生均册数"和"馆藏总数",导致了中小学图书馆传统馆藏资源数量的"只增不减"或者"多增少减",而这种情况直接影响了图书馆馆藏资源建设的质量。另一方面是中小学图书馆缺乏对图书馆现有馆藏资源整合开发利用的意识和能力,无法切实真正实现对现有馆藏文本资源的高效利用。这些种种因素最终导致中小学图书馆文献信息工作长期处于一个"传统化"的水平。

四、革新推进:中小学图书馆发展的思考

上海的基础教育,闻名全球;静安的基础教育,闻名上海。基础教育全方位的发展,也离不开图书馆的工作。静安中小学图书馆对青少年成长的影响力,历来受到全社会的高度关注。结合当下全区中小学图书馆的现状,简要谈谈静安区中小学图书馆建设的思考。

(一) 切实加强中小学图书馆工作的领导力

国家有关部委和上海市教委历来都把中小学图书馆建设放在重要位置,并且连续出台了一系列文件,为全市中小学图书馆的办馆方向和提升办馆水平指明了方向。有关部门要做好组织领导,促使学校按照文件要求将其精神落实到实处。

一方面根据国家部委和市教委相关文件精神,结合全区中小学图书馆建设工作的实际,建立与静安教育相适应的中小学图书馆建设和运行评估指标体系。同时将相关的评估检查使其制度化、常规化。对于已经评级的中小学图书馆要进行定期的复查;对于评级未过或者未评级的图书馆,更要关心,要进行不定期的指导和检查。通过有效的检查、完善的管理制度,切实提升图书馆的综合实力。

另一方面要总结和推广相关中小学图书馆的先进的办馆模式和理念。在原静安有

荣获"最美图书馆"之称的市西中学图书馆;在原闸北有收获"榜样人物"美誉的风华中学图书馆馆长。这些先进办馆模式和理念,值得我们总结和研究。在日常的图书馆教研活动中进行学习推广,通过日常的学习探讨、研究实践,从而全方位地推进全区中小学图书馆工作的创新与发展。

（二）切实提升和完善中小学图书馆工作人员的福利待遇,营造中小学图书馆"有位"且能"有为"的工作环境

首先,继续完善中小学图书馆人员"持证上岗"制度。原两区一直依托市级有关平台,对新上岗人员进行上岗前的培训,使新上岗人员接受职业技能的培训,初步具备了上岗工作的技能。新静安将继续秉承原两区的这一制度,为全区中小学图书馆工作人员提供专业培训的平台。

其次,要持续优化图书馆工作人员的组成结构。从近几年国家有关部委和上海市教育委员会陆续出台的相关文件来看,中小学图书馆正在进行着史无前例的变革。未来的图书馆将真正成为师生们"教书育人""健康成才"的"第二课堂"。将来的中小学图书馆所包含的种种科学技术、教育理念等对新时期中小学图书馆工作人员的要求越来越高。近几年来,原两区中小学陆续任命了一批"能管、肯管、管得好"的馆长,引进了一批年轻的具有高学历的"能干、肯干、干得好"的图书馆工作人员,使图书馆的办馆水平明显得到提升,图书馆对内能为师生做好相关的服务,对外能在交流比赛活动中摘金夺银为学校争光。

再次,搭建中小学图书馆人员互相交流、共同学习进步的平台。要想提升中小学图书馆工作人员的专业技能、改善工作方法、拓展工作思路,就必须加强中小学图书馆理论和实践方面的建设。区图工委积极创造有关交流平台,有条件的创造跨区域跨系统进行学习和交流;结合中小学图书馆工作的实际及当下的重点热点,定时定期地开展教研活动。

最后,严格执行相关规定,切实提升和完善中小学图书馆工作人员的基本待遇,调动其工作积极性。学校应全面客观地认识中小学图书馆存在的价值,准确定位图书馆工作人员的工作价值,切实落实有关政策,不断完善和提升中小学图书馆工作人员的待遇。学校只有全方面地提供"有位"且能"有为"的工作环境,才能让图书馆人员富有激情和干劲,才能在平凡的岗位上做出不平凡的成绩。

（三）完善文献信息技术环境，切实提升文献信息使用价值

一方面，尽早搭建全区中小学图书馆文献信息资源共享的平台。全区中小学图书馆传统纸质馆藏图书总量近 400 万册，藏书总量巨大。如何挖掘其使用价值，实现馆藏资源使用价值的最大化，将有限的图书经费高效的使用，实现传统中小学图书馆馆藏向现代化信息化图书馆馆藏的转变，这些都是摆在中小学图书馆人面前的一道具有现实意义的研究课题。

另一方面，重视中小学图书馆信息化建设。图书馆信息化，是图书馆未来发展的一种必然。图书馆借助现代科学技术进行信息化建设，既能达到图书馆传统服务的延伸，又能切实减轻图书馆工作人员传统工作的压力。如若将图书馆传统资源结合信息化整合，实现无缝衔接，那么中小学图书馆实现 24 小时全天候全方位的服务开放，则将不再是一种奢望。

中小学图书馆的建设与发展是一项长期的系统化工程，随着两区合并后带来的优质教育资源，全区的教育资源建设将会更加的均衡和公平，我们有理由相信新静安区中小学图书馆在每一位图书馆人的努力下，在学校、政府部门以及社会各界的关心和支持下，定会得到长久可持续发展。

参考文献

［1］教育部，文化部，国家新闻出版广电总局.《关于加强新时期中小学图书馆建设与应用工作的意见》［EB/OL］.［2015 - 6 - 2］. http://www. jatsjy. edu. sh. cn/yqlj/ShowArticle. asp? ArticleID＝1079.

［2］上海市教育委员会.上海市教育委员会关于印发《上海市普通中小学图书馆规程》的通知［EB/OL］.［2016 - 9 - 27］.http://www.jatsjy.edu.sh.cn/yqlj/ShowArticle.asp? ArticleID＝1290.

［3］吴伟民，中小学图书馆实践研究［M］.上海.上海科学普及出版社，2012.

［4］吴玥.开放·多元·融合：中小学图书馆未来发展的应然选择——学习《关于加强新时期中小学图书馆建设与应用工作的意见》的几点思考［J］.新世纪图书馆，2016(6)：9—12,36.

［5］宋兰平.中学图书馆资源利用与学生阅读现状的调查研究［J］.当代教育科学，2015(10)：50—55.

中学生阅读心理与需求的调查分析

上海市向东中学　　沈　静

摘　要：对我校初高中学生的阅读心理分别进行调查与分析，了解学生阅读心理和需求形成的原因。有目的的改进学校图书馆的服务，更好地引导学生阅读，从而进一步解决学生在阅读方面产生的问题，并采取一些有效措施。

关键词：中学生　阅读心理　需求　图书馆

学校图书馆的主要读者是学生，因此中学图书馆担负着组织学生阅读，培养学生读书技能，引导学生利用有限的课余时间去阅读有益的书籍的任务。完成这些任务必然离不开图书馆对学生的阅读需求与阅读心理的了解，从而更好地开展阅读辅导工作。

一、中学生阅读思维的特点

我校是所完全中学，不同年龄段学生的阅读思维不尽相同。初中生的思维发展主要是逻辑思维占主要地位，同时具体形象思维仍然起着重要的作用。根据这种特点，我们图书馆在对预备和初一年级的学生仍然使用直观阅读指导的方法，以启发他们的思维。初二和初三年级则要善于利用学生已有的知识对比较复杂的问题的阅读材料进行系统说明，使他们能够很好地理解。而作为中学生来说，他们随着年龄的增长，心理也逐渐趋向成熟。他们要求自信、独立、也希望被同学和老师尊重和羡慕，于是他们一方面表现出不是太轻信书本上的结论，喜欢怀疑和争论而另一方面有希望通过更广泛的阅读来了解世界，我们图书馆要针对这阶段学生思维发展的特点，特别重视初中生怀疑的特点，引导他们独立思考的重要契机，将图书馆作为培养学生兴趣爱好的场所，将学生的兴趣从网路、游戏方面转移到有效的阅读上。

高中学生的思维水平有了极大的提高,他们的思维具有更高的抽象性和概括性,开始要求对提供的阅读材料做出理论的分析和说明。同时,思维的独立性也有了更高的发展,他们能够有组织地进行思维阅读,对各种书籍和知识都不轻信、盲从,而是要求有可靠的有力的论证。根据高中学生的思维发展的这些特点,在阅读辅导过程中必须提供具有更高的理论性和深刻性。

如上所述,不同阶段学生的思维是不同的,因此他们的阅读需求心理也是不同的。学生到了初中阶段已经有了比较明显的阅读兴趣。通过调查,85%的初中学生已经能够明确地指出他们"最喜欢那一类书籍"和"最不喜欢那一类书籍",这说明学生对阅读兴趣的分化已有显现,他们对某些特定的文献表现出强烈的倾向性。可是这一调查到高中生结果又不一样,由于高考带来的巨大的心理压力,有25%的学生选择了兴趣阅读,40%选择求知,20%选择了猎奇,5%选择了被动阅读,尽然还有10%选择了无所谓随便看看。由此可见高中生因学业的繁忙给自身造成一种紧张感,在选择书籍的心理上也要求以学习、参考、求知为主、同时也要求放松心情,满足自身文化修养。

二、中学生阅读书籍的类型

我们学校分别对高中的男女学生阅读书籍的类型进行了调查(见表1),结果表明,高中男生选择书籍更倾向于自然科学,而女生则更倾向于文学。调查还表明,高一学生刚刚完成从初中生到高中生的转变,还没有感到高考的压力,选择的图书主要是放松中考后的心情,阅读自己感兴趣的书籍,充实自己,所以高一年级学生在课外阅读上涉及类型广泛;而高二学生由于选课的需要,会借阅一些跟自己选修课程有关的参考资料;而高三的同学面对高考的压力,则会选择一些消遣的书籍来阅读和放松。当然,无论学生选择怎样的书籍,他们总是以学校图书馆作为课外阅读场所,说明了图书馆在学生学习生活中起了重要的作用。

表1 高中学生阅读书籍类型统计表 (%)

年级 种类	高 一		高 二		高 三	
	男	女	男	女	男	女
文 学	35	65	30	53	40	55
自然科学	25	12	35	15	35	17
人文科学	2	1	1		18	5

续　表

种类＼年级	高　一		高　二		高　三	
	男	女	男	女	男	女
宗　教	6	2	5	3	6.1	6
哲　学	7	4	6	12	7	19
其　他	20	8	19	10	9	13

中学图书馆作为学生的课外阅读天地。那么,学生对具体图书资料会如何选择?我校对全体学生进行了"选出你喜爱的杂志"的调查。结果显示,有 35％经常借阅有关参考与学习的期刊,如《英语画刊》《中学生数理化》《作文》《中学生学习报》等。随着明年高考政策的改变,学生借阅的心理也发生了一些变化,学生除了阅读与学习类图书,还加强了英语阅读的社会化,与社会上的应用考试相结合。拓展了对中外名著、散文等方面的阅读,丰富思想提高文学鉴赏能力。使得自己的语文阅读能力和写作能力有所提高。

三、中学图书馆的措施

通过这次调查,我们图书馆了解了学生阅读的心理,从而更好地建立图书与学生的桥梁与纽带作用,正确地引导学生利用有限的课余时间去阅读他们心仪的图书,因此,我们采取了几点措施。

(一) 优化藏书结构,提高藏书质量

在藏书结构方面,要建立有本校特色的馆藏体系,馆藏结构的合理,图书质量的提高,会提高图书的利用率,采取多样性的藏书体系,每年我校图书馆不光增加纸质图书,还大量补充电子图书和电子期刊。

(二) 加强阅读宣传,变被动为主动

有目的、有计划地向学生推荐优秀图书,因为中学生由于自身所限,不可能有较强的独立鉴别能力。所以图书馆应该根据以上调查结果对不同特点的学生推荐优秀的图书。要积极利用"新书通报""新书介绍""新书展览""目录资料"等形式,将馆藏信息及时、系统地告诉学生,还可以利用班级"图书角"将一些优秀图书到各班进行展示。将被动服务变为主动服务。

(三) 重视阅读需求,培养学生的阅读意识

要把握学生的阅读心理,及时减轻学生的心理压力,使学生能心情愉快、放松身心地阅读。我们图书馆要了解和掌握中学生心理及行为产生与发展的规律,必须从学生阅读的实际需求出发,对学生心理特征进行分析研究,进而达到图书馆工作的目的。要让学生自觉地、积极地、主动地投入学校的文化教育、体育、艺术的各项兴趣活动中去,我们图书馆就必须认真地研究学生的阅读取向和阅读规律,开展各项有意义阅读活动,使学生对阅读产生极大的兴趣。

(四) 运用读写形式,开展多种读书活动

要提高现有图书的利用率,激活图书,使之转化为学生成长过程中的营养素,必须开展各种形式的读书活动,图书馆同各学科组、社团、德育处、科技组等方面相结合,进行学习心得的体会,根据各年级学生的特点,进行阅读指导,并举办了英语演讲比赛、征文活动,朗诵、诗歌评比等活动,内容丰富,形式多样。

(五) 经常开展阅读心理调查,重视新环境下的阅读指导

通过开展学生阅读心理的调查,把握学生阅读的心理,了解学生阅读需求,发现存在的问题,为指导学生阅读提供依据。随着网路时代的出现,学校图书馆要适应时代的需求加强网络阅读指导。具体做到重视电子阅览室的建设和维护,加强电子图书和期刊的利用率,形成有个性化和特色的校园网络阅读文化。利用现有的网络技术为学生创造一个合理有效的网上阅读环境。

第六篇　图书馆教育

培养信息意识　提升综合素养

——我校开设"文献资料的检索与利用"选修课的实践探究

上海市市北中学　杜亚群

摘　要： 本文简要论述了上海市市北中学开设"文献资料的检索与利用"选修课的实践探究。认为中学图书馆开设"文献资料检索课"应基于对学生的有关文献信息与利用的知识背景与实践能力的了解，并且采取相应的教学策略：化繁为简，突出教学重点；启发兴趣，鼓励主动参与。

关键词： 文献资料　检索与利用　信息素养　中学教学

国家教委曾在 1984、1985、1992 年先后三次发文，要求高等学校对开设"文献检索与利用"课给以足够重视，强调文献检索课是培养学生掌握利用图书文献，情报检索，不断提高自学能力和科研能力的一门科学方法课，对提高学生的素质起到很好的作用。这三个文件推动了全国高校文献课的普遍开设与发展，目前，文检课已经作为高校一门独立课程纳入了教学计划，并受到学生的欢迎，取得了一些可喜的成绩。

反观中学学校，开设"文献资料的检索与利用"课程的并不多见。这固然与基础教育阶段学术研究要求不高有关，但更多的恐怕是重视程度不够所致。近年来，国家教育部已开始关注中小学图书馆建设工作，在下发的《中小学图书馆（室）规程（修订）》第十五条明确指出："图书馆要配合学科教师组织形式多样的读书活动，对学生进行课外阅读指导，并开展图书情报教育课、图书和图书馆知识介绍、工具书使用方法、图书的选择和读书以及读书卫生知识等方面的指导。学校应开设阅读指导课并纳入教学计划，有条件的学校要开设电子阅览指导课，指导学生正确运用电子阅读系统。"文件提示我们，对中学生进行利用图书馆的教育，既是中学图书馆的重要任务，也是中学图书馆工作者义不容辞的职责。

市北中学图书馆拥有 10 万余册藏书,270 余种期刊,大量的电子图书与电子期刊,电子阅览系统完善,这为开设"文献资料的检索与利用"课程提供了基本条件与文献资料资源。2014 学年,市北中学图书馆在学校的支持下,把"文献资料的检索与利用"课纳入拓展课程,历时两学期,每学期 14 课时,选修学生共计 60 人。我们"摸着石头过河",不断寻求适合中学生的方法,启发学生兴趣,引导学生积极参与。实践证明,在中学开设"文献资料的检索与利用"选修课,可以较好地发挥图书馆的文献传递与利用职能,使学生掌握一些基本的检索方法与技巧,提高学生对文献信息检索与利用能力,增强对信息的敏感性,提升学生的信息素养和终身学习能力。

本文简要谈谈我校开设"文献资料的检索与利用"选修课的一点实践探究。

一、化繁为简,突出教学重点

众所周知,文检课的学科特点是信息量大,内容庞杂,涉及知识面广,是一门理论性、知识性和实践性相结合的综合性课程。为了适应教学与科研的需要,高校文检课大多以灌输文献检索的基础理论知识为主,诸如文献检索原理、检索语言、检索策略和检索效率之间的关系等等。这些理论知识中学生当然也有必要了解,但如果课上侧重于理论知识,不免枯燥,令学生望而却步,削弱学生学习的兴趣。因此,中学文检课的教学内容必须化繁为简,把指导学生有效地检索和利用文献,掌握文献检索的知识和方法,快速、准确、全面地获取所需的资料,促进学习与研究作为教学的重点。

为了提高开始文检课的有效性,我们在正式授课前,组织学生进行《关于文献资料的检索与利用的小调查》,以此了解学生有关文献信息与利用的知识背景与实践能力。小调查包括:是否清楚文献资料的概念,检索信息的习惯,数据库的利用情况等(参见文后附录)。每班提交一份调查报告,归纳总结学生"文献资料的检索与利用"的现状。下面是我校高一(1)班潘薏米、曹雨阳同学对该班同学调查后的总结报告。

关于我班"文献资料检索与利用"的调查结果报告

在这次的小调查中,我们不难看出同学们虽然不常接触"文献"这两个字,但是都能判断出图书、报刊、光盘、胶片、磁带都属于文献。说明文献还是贯穿于我们的生活的,与我们的生活是息息相关的,所以增加对文献的了解还是很重要的。了解文献的方式可以通过网络资源、课堂学习等。

　　去检索利用信息的原因也是各有不同,最多的理由是为了完成老师的任务,其次是为了写作文和解决一些很实际的生活问题,当然也有为了网络聊天而去检索信息的。检索信息,是一个学习的过程,检索得到的信息,可以帮助我们解决问题,所以检索信息的过程,所使用的方式也是很重要的。

　　大部分的同学都选择利用搜索引擎(百度、谷歌等)来获取信息和文献资料,选择利用图书馆馆藏、通过专业网站查询学科资料、使用 BBS/QQ 与同学知识共享、查询网络数据库、收听/看广播电视的就很少。我们的同学基本都认为自己会熟练或较熟练使用检索技巧。但是对 CNKI 中国知网、西文数据库等这一类的数据库都很陌生,基本上都不曾听说过。专业的数据库是一个非常重要且强大的检索信息的平台,我们要学会使用这些平台,要普及这些网站的使用。可以通过讲座的方式,向同学们介绍这些方法。

　　大家主要使用的搜索引擎集中在百度,像谷歌、新浪都不常用。从总体来看,同学们在无形中对文献资料都有检索与利用,但是却没有意识到,有待普及。

　　基于对各班学生的调查,我们将开设文检选修课的教学目标设定为:1) 传统文化素养的延续和拓展;2) 受教育者达到独立自学和终生学习的水平;3) 对信息源及信息工具的了解和运用;4) 拥有各种信息技能(对需求的了解及确认,对所需文献或信息的确定、检索,对检索到的信息进行评估、组织、处理并做出决策等)。[1]将开设文检选修课的教学内容设定为:了解图书与文献相关知识;图书馆文献检索查阅指导;网络文献检索途径与方法;研究性小论文写作基本要求;结合研究性小论文写作指导检索文献。而在具体授课过程中,突出"文献资料的检索与利用"的操作性与实用性。

二、启发兴趣,鼓励主动参与

　　在文检课中,我们注重知识性与趣味性,设计思维导图,让学生通过小组合作的方式探寻答案。例如,在讲解"图书与文献"常识的时候,不是照本宣科、灌输概念,而是设计了几个小问题:1. 什么是书;2. 图书的前世;3. 图书的今生。让学生利用网络找到与图书相关的名人名言、历史典故、世界之最,这样一来,学生积极性大大提高,利用图书馆电脑搜索,相互交流不亦乐乎。又如,在介绍中国图书馆图书分类法(简称《中图法》)22 个基本大类时,学生不大明白字母的含义,于是,我们让学生走进书库,让他们畅游书库,自己寻找答案。很快,学生就明白了图书馆图书的基本分类,并逐步发现了书库"S"形的排架规律,明白了图书馆的藏书分类。

启发学生的兴趣,教师也必然乐在其中。课上不但以简捷的方式进行演示,更鼓励学生积极尝试。例如,在讲授"网络文献检索途径与方法"时,教师先简要介绍了常用的数据库,然后演示计算机检索方法,接着让学生选取自己感兴趣的研究主题,自己围绕该主题检索资料,并做成资料摘编。当学生从纷繁的信息里,搜索出自己所要的资料,并汇编成文,成就之感油然而生,继续探索前行的热情与勇气也随之倍增。

三、边学边做,力求活学活用

中学生求知欲旺盛,阅读兴趣广泛,他们想读书、爱读书,但是,他们大多缺乏必要的图情知识。我们经常发现,不少学生兴致勃勃来到图书馆,面对琳琅满目的书刊资料,却如盲人骑瞎马,乱借一通,败兴而归。如果学生能初步掌握图书馆基础知识,熟悉图书馆的藏书情况、借阅方法,了解图书分类体系、图书排架、目录知识和计算机检索图书的方法,借阅的时候就可以直奔主题,在浩如烟海的文献中鉴选出自己所需的图书,满意而归了。

"天下事有难易乎?为之,则难者亦易矣;不为,则易者亦难矣。"文献检索看似烦琐复杂,实则有章可循,多多操练即能熟练掌握。教师有计划地组织各种活动,授人以渔,引导学生学会文献检索,让学生在做中学习体会。

在指导学生查阅图书馆纸质文献资料的时候,我们设计了一个比赛环节:学生以小组为单位,进行排架比赛。在明了排架规律之后,学生整理图书,你追我赶,把书有序上架。此后,这些学生来图书馆借阅时再无人盲目觅书,他们甚至当起了"小导游",指导其他同学寻到心仪的图书。

中学生进行研究性学习,很需要查阅有关的参考文献。图书馆老师指导学生自己动手查检有关文献,既能使他们获得文献检索的知识和技巧,又能帮助他们更好地完成撰写小论文的任务。教师在指导中仔细观察,及时发现问题,及时点拨,帮助学生尽快掌握信息检索技术,助其加工整理、分析研究和灵活利用文献情报的能力得到提高。

四、结语

今天中学教育正在不断革新,不断向素质教育迈进。学校在加强双基教学的基础上,重点培养学生的分析能力,使学生由"积累型"转变成动手、动脑的"创造型"人才,以适应新时代发展的需要。我们图书馆在引导学生博览群书,开阔眼界的同时,对学生进行图书情报教育,将有助于增强学生的研究能力、科学分析、综合利用和动手动脑的能力,提高他们的信息素养。可以说,在中学开设文检课有着重大的现实意义。

路漫漫其修远兮,我们的文检课程刚刚起步,以上所谈仅为粗浅的实践体会。今后,我们将抓住新时期图书馆建设的大好契机,加强自我学习,进一步完善《文献资料的检索与利用》课程,有效调动学生的学习积极性,使学生掌握文献检索技能并能加以灵活应用,为其终身教育打下良好基础。

参考文献

[1] 易红郡.美国中小学信息技术课程的重要课题[J].课程教材教法,2002.(2):75—78.

附录:关于文献资料检索与利用的小调查

性别:A 男   B 女   班级:_____

Q1:你认为什么是文献资料?(可多选)(   )

A. 图书   B. 报刊   C. 光盘   D. 胶片

E. 磁带

Q2:通常什么情况下你会去检索利用信息?(   )

A. 完成老师布置的任务   B. 写作文

C. 网络聊天   D. 解决一些很实际的生活问题

Q3:你是怎样获得信息与文献资料的?(   )

A. 利用图书馆馆藏   B.利用搜索引擎(百度、谷歌等)

C. 通过专业网站查询学科资料   D. BBS、QQ 与同学知识共享

E. 查询网络数据库   F. 广播、电视

Q4:通常你用什么方法检索信息与文献资料?(   )

A. 使用搜索引擎获取各种信息   B. 使用专业网站查询资料

C. 到图书馆查阅资料   D. 结合使用 A 和 B

E. 高级检索

Q5:你认为你的检索技巧:(   )。

A. 很熟练   B. 一般   C. 不熟练

Q6:经常使用的数据库:(   )。

A. CNKI 中国知网　B. 龙源期刊网　　　C. 中文在线　　　　　D. 读秀

E. 西文数据库　　　　　　　　　　　F.未使用过以上数据库

Q7：你经常使用的搜索引擎是：（　　　　）。

A. 百度　　　　　　B. 谷歌　　　　　C. 新浪　　　　　D. 搜狐

"后'茶馆式'"图情教育是引领学生"悦读"的一种特别途径

上海市静安区教育学院附属学校　刘晓萍

摘　要："后'茶馆式'"教学是遵循学生认知规律，以学生自主学习为主，教师帮助为辅的一种学习方式。文章论述了向新生开展图情教育的重要性；运用"后'茶馆式'"教学开展图书馆利用方面的知识教育，建立阅读小组，养成阅读好习惯，开发、利用电子读物等经验与方法，介绍了静教院附校"后'茶馆式'"图情教育实践的探索。

关键词：后"茶馆式"　图情教育　中学生　悦读

"后'茶馆式'"教学是遵循学生认知规律，以学生自主学习为主，教师帮助为辅的一种学习方式。"'后茶馆式'"教学获教育部"首届全国基础教育课程改革教学成果一等奖"。如何提高图书馆的服务水平，使其发挥最大效益，关键是遵循学生的认知规律，从而节省学生的阅读时间。六年级新生进入新的学习环境，对一切都充满了好奇，但同时也充满盲目。所以，要在六年级新生中开展图情教育就显得非常必要。这也与印度图书馆学家阮冈纳赞的图书馆五定律之一——节省读者的时间相契合，[1]是我们图书馆工作人员的不懈追求。

一、六年级新生开展图情教育的重要性

在信息时代，信息是空前增量。拥有如何获取信息、处理信息的能力比信息本身更为重要。[2]从学生的角度来说，自主学习和终身学习已经成为适应社会需求的重要能力。在中学时期，培养学生养成自主学习能力是十分必要的。以图情教育为突破口来

提高学生的自主学习能力,可以提高孩子们的信息素养,而信息素养的提高又为学生的自主学习和终身学习打下坚实的基础。

特别是对于刚刚踏入中学的六年级新生,入馆教育不仅仅是教他们如何遵守图书馆的规章制度,更重要的是激发他们的阅读兴趣,并学会从图书馆这个知识宝库中吸收营养的方法。在初中阶段,学生学会如何利用图书馆,才能"不断学习,不断优化",以致终身学习。

二、静教院附校"后'茶馆式'"图情教育的实践

(一) 运用"后'茶馆式'"教学开展图书馆利用方面的知识教育

结合六年级新生特点,在图书馆阅览室开展新学期每班两课时的"走进图书馆"实践活动,实践活动主要包含以下两个方面:

1. 主要采用"任务单"来了解图书馆

任务单是帮助学生自己先学的手段,目的在于让学生实现先学最大化。"后'茶馆式'"教学最重要的是以学生发展为本,遵循学生认知规律,提倡让学生先学,主要是做到学生自己能学会的教师不讲。以下是静教院附校的"走进图书馆"实践活动任务单:

"走进图书馆"实践活动任务单

一、了解图书馆

总面积:_____ m² 藏书量:_____ 册

组成:阅览室(1)、_____、_____、_____、_____、书库

开放时间:_____

馆藏报纸_____种,杂志_____种

二、走进图书馆

1. 你知道以下的规则吗?

(1) 图书馆借阅规则

(2) 电子阅览室规则

2. 你知道图书馆的书是怎样排架的吗?

(1) 首先,采购来的新书按其所反映的学科内容进行分类。

目前,我国图书馆是按照《中国图书馆分类法》第五版进行分类,那么它分为_____个基本大类,分别是:A.马克思主义、列宁主义、毛泽东思想、邓小平理论

_____

_____

_____

_____

（2）分类排架：将同一知识门类的书集中在一起，主题相近的也在书架上相邻，便于读者选择书籍，也便于馆员向读者推荐相近的书籍。

（3）你知道我校图书布局吗？

阅览室①_____类

阅览室②_____类

阅览室③_____类

阅览室④_____类

图书排列顺序是怎样的？

你知道每本书书脊上的编号是什么意思吗？

活动采取"后'茶馆式'"教学其中的一种教学组织方式：合作学习方式。每班以六人小组为单位，由图书馆志愿者引领，各成员分工协作：走一走，找一找，问一问寻找答案。以小组交流的形式汇总，解决任务单上的问题。

第一节实践活动课使学生了解本校图书馆的基本情况，知道了在图书馆应该遵守的基本规则，懂得了怎样做一个文明阅读者。

2."走进图书馆"，掌握图书馆的找书方法

通过找规律的方式，让学生了解图书馆里的书是怎样排架的。根据学生现有知识基础在"活动二"找规律前，先搭一个"脚手架"。"脚手架"是一种特定的工具，帮助学生"跳跃"。在这里先将图书分类法、索书号等知识传授学生，再让学生去寻找，发现排架规律。让学生学会用电脑"读者咨询"窗口查找图书。以学生实践操作为主，给出书名或一类书的提示性信息。如，为配合班级国庆活动，需要寻找一些适合朗诵的诗，请你来帮忙推荐一些书。每个小组根据所抽到的"任务单"运用刚学到的知识找出书。通过将小组分得的书能够归位来检测是否掌握。

第二节活动最后一个环节："你对学校图书馆的工作有何建议？你又能为图书馆做些什么呢？"让学生参与到图书馆的管理中。有些同学写道："我们建议老师可以在图书

馆入口处放一个书架,将同学们来不及放回的书或忘记放在哪里的书放在书柜上。再由老师或志愿者放回原处。"学生很多好的建议都被采纳,促进图书馆管理不断完善,不断优化。

对于刚入初中的六年级学生而言,这样的活动带来很大收益,正如学生写道:"从活动中我知道了很多图书馆的知识和怎样能更快捷方便的借书方法。"当学生掌握了图书馆的一些基本知识,便会利用图书馆进行自主学习。正如小叶同学说:"我上了这堂课,喜欢上了读书,还想参加早阅读小组,我认为早上读书的时光最好,最宝贵的。"

(二) 建立早阅读小组,养成阅读好习惯

苏联著名教育家苏霍姆林斯基曾经说过:"让学生变聪明的方法,不是补课,不是增加作业量,而是阅读、阅读、再阅读。"[3]为了给学生提供更好的学习环境和丰富的阅读资源,学校将图书馆的开放时间延长。为了让六年级新生尽早熟悉学校校园文化,图书馆教师应该走进六年级各班,引导早到校的同学到图书馆进行阅览。同时,将这些同学组织起来组成阅读小组,阅读小组成员不一定必须是固定的,而是可以流动的。静教院附校的阅读小组注重以下两个方面:

1. 注重阅读前的自觉性,采取自愿报名形式

只要学生愿意加入这个小组,就可以拿着书到指定的阅览室阅读。但需要在"学生阅读小组登记表"上登记,其中有一项"阅读内容"必须要填写。以便图书馆工作人员及时了解学生的阅读兴趣。

我校图书馆在"早阅读小组"方面开展了以下服务工作:

(1) 以学长的成功经历为案例感染学生。如学校优秀学生平时是如何运用图书馆进行课外阅读的事例介绍。如,小房同学学习成绩不太理想,但当他听了学长成功事例后深有感触,坚持每天到校参加早阅读小组,养成了阅读好习惯。

(2) 推荐校馆内优秀书刊,激发学生的阅读兴趣。

(3) 定期与小组成员交流,对同学提出的好的想法加以表扬,鼓励他们多看好书。如,两位同学自带《全世爱》,图书馆老师与小组成员展开讨论,学生也觉得这类书属休闲类小说,在一定程度上能释放学习压力,但并无其他帮助。而图书馆馆藏的感动中学生系列丛书对他们有很大启迪。老师应该对书的质量具有一定鉴别能力,引导学生多看经典名著,感受文字魅力,积淀文学素养。

(4) 及时将小组阅读内容反馈给任课老师。并将任课老师推荐的书籍第一时间推

荐给学生。

如：历史、地理老师推荐"近阶段学生阅读的史地书籍"。又如语文老师推荐从经典文学、学生小说、时文类、综合类四方面开展阅读。

在这里没有冗长乏味的说教，只有无穷无尽的榜样力量；没有枯燥生硬的教导，只有沁人心脾的温馨共享。让学生在阅读过程中潜移默化，建立完善的品格、坚强的意志、乐观的心态，养成一种习惯——阅读。

2. 注重阅读后的反馈交流，老师帮其搭建平台

学生读了书以后有体会，有感想，他们也愿意与其他同学交流分享，作为图书馆老师要与各学科老师协作来共同搭建平台，让阅读小组成员将阅读成果展现出来与同学一起分享。交流形式可以多样化。我校主要有以下两种交流形式：第一，以小队为单位，每周进行一次交流。学生把交流的内容做成幻灯片形式，利用中午课间休息时间，在全班进行交流，内容包括以下几点：

（1）作家介绍。

（2）请同学们谈谈阅读了这位作家某一本书的体会。

（3）重点介绍这位作家的其中一本书里的人物特征、故事情节。

（4）再推荐这位作家的另外一本书。

老师引领全班同学赏析名篇，交流的同学可以从内容、写作方法上与同学分享心得，谈阅读体会。图书馆老师要与同学一起制定阅读交流评分标准，并对每周一次的阅读交流进行打分，从而有一个激励机制。

第二，以主题班会形式交流，如七（5）班的交流活动：

（1）读书小组组长发言。

（2）阅读小组总是新书先睹为快，进行新书介绍。

（3）小房同学谈其进中学以后他如何养成阅读习惯的。

（4）将图书馆书桌上所有学生写的寄语牌收集起来与全班同学一起分享。

（5）介绍名人读书好习惯。

（6）赏析朱自清《匆匆》，读了文章，你认为朱自清想告诉我们什么？

引导大家抓紧时间读书，养成读书好习惯，读好书。

交流形式可以多样化。对学生来说，首先在图书馆获得丰富的知识后在课堂上的表现就会比较出色，其次这种优秀表现获得表扬后又能够带动更多学生到图书馆，从而在不知不觉中养成进馆阅读的习惯。

(三) 开发、利用电子读物

"影视阅读"有助于学生进行情景交融的阅读理解。为了让更多学生从思想和视觉上汲取营养,引发阅读兴趣。作为图书馆老师可以利用中午时间在电子阅览室对六年级新生开设系列讲座。静教院附校开设的讲座内容有:推荐介绍科学健康的网络信息如:龙源期刊,虚拟光媒使用等。让学生通过视觉和听觉熟悉名著的基本情节,激发学生的阅读兴趣,使他们更加关注名著中人物的命运、情节的发展。为名著阅读做良好的铺垫等。

通过这些讲座拓宽了学生的学习视野,不仅为校园阅读活动增添了新的色彩,也为学生的阅读兴趣拓宽了方向。

三、结语

面对素质教育改革和知识经济的大潮,我们图书馆工作人员必须有新的使命感,为学生一生的良好阅读习惯的培养贡献自己应尽的力量。

参考文献

[1] 张瑜.阮风纳赞的图书馆五定律在现代图书馆工作中的现实意义[J].河南科技,2013(8).

[2] 李秋莉娜.探讨图书馆电子书发展现状及未来趋势[J].科技创新导报,2014,11(5).

[3] 张树华.中小学图书馆工作导论[M].北京图书馆出版社,1998.

第七篇　信息技术

浅谈中学图书馆的微信服务

上海市新中高级中学　陈　静

摘　要：微信已经成为当今社会人与人之间最便捷的交流平台之一。本文试从中学图书馆创建微信服务的前提、内容、维护、衍生等方面来论述中学图书馆的微信服务，以推动学校图书馆信息服务的多元化。

关键词：微信　中学图书馆　信息服务

"微信，是一个生活方式"。它俨然已经成为当今社会人与人之间的一种借助智能手机系统实现的最经济、最便捷的交流平台之一。众所周知，"微信"这一手机应用软件从创始以来只有短短几年的时间，但它却几乎存在于我们身边绝大多数的智能手机操作系统里。任何社会主体大到上市公司、企业，小到一个个体，都能拥有属于自己的微信号。它的优点就是信息发布便捷、传播速度快、影响面广；互动性强、沟通即时；成本极其低廉，任何公众都可以借助其平台传播、交流。鉴于目前微信使用的广泛性，我们中学图书馆是不是也可以借助它的优势来开设一个"学校图书馆微信公众号"呢？并以此推动学校图书馆信息服务的多元化，让学校师生借助微信平台来实现对信息服务的需求。

一、中学图书馆创建微信服务的前提

创建中学图书馆微信服务，首先需要搭建中学图书馆微信服务平台，要考虑学校的校园网络系统能否在移动设备上全覆盖。其次，中学生基本属于无收入群体，信息传递成本要适应中学生的消费水平，这直接关系到他们对服务的关注度和广泛度。再次，微信服务给中学图书馆的服务内容和服务水平提出新的要求，这就需要有一定的专业人员和专业技术的支撑。因此中学图书馆要建立微信服务平台，一定要取得学校、教师、家长、学生等各方面的大力支持，需要中学图书馆馆员有积极的工作态度和较高的专业技能，只有努力满足中学图书馆开展微信服务的必要条件，才能使中学图书馆开展微信服务成为可能。

二、中学图书馆微信服务的内容

微信服务进一步丰富了图书馆为师生服务的渠道，有许多图书馆服务内容都可通过微信服务来实现。一对百乃至一对一的信息传递都能将图书馆的服务从被动转为主动。长此以往师生会从常态的服务中提升对图书馆的热情与信任，图书馆的文化传播与服务功能得以新的发展和提升。

（一）每日要闻

每天对关注图书馆微信公众号的师生进行新闻推送服务。学校图书馆可以每日按时推送当日校内外要闻，当然公众号内容不必仅仅拘泥于枯燥的文字，还可以配有温馨的图片，动画，甚至是一小段的视频。"每日要闻"很快就因其时效性高而提高了师生对图书馆的关注度。

（二）新书专栏

"新书通报"原先一直是采取校园网络宣传和专栏张贴的形式，有了微信服务，我们就能及时通过微信上传，并且针对一些流行书目进行简短的新书介绍，师生不仅可以随时掌握学校图书馆的新书，还能根据自己的需要，在微信平台上进行新书预约，这可以使新到图书的流通率明显上升。

（三）预约借还

师生不仅可以通过图书馆微信平台对于需要借阅的书目进行预约，并且还能设置图书到期短信提醒等温馨服务。所以不再需要电脑操作或者亲自到图书馆查询。通过手机即可搜寻馆内图书、查询图书借阅信息，这能大大方便读者。相信贴心的服务一定会吸引一大批平时因为学业、课业繁重而没时间来看书、借书的师生。

(四)书香园地

几乎每个在校的中学生都有写读后感的经验,但未必每位学生都有发表交流的平台,有了微信交流平台,人人都可以通过上传文章,在微信平台上进行交流。当然教师也能将自己读过的新书、好书写下读后感跟大家一起分享,相信比起在课堂上的讲解,真实感情的文字表达更能拉近与同学之间的距离。图书馆还可以根据每篇文章上传后的读者点击率开展文章评比,择优推荐参加每年的各类读书活动。

(五)在线服务

师生可以通过微信号的"在线服务",一对一地跟图书馆馆员进行信息的咨询。这为师生与图书馆之间的互动交流开设了一个新的窗口,也让图书馆微信服务成为一个交友的平台。若有需要,馆员通过微信还能利用截图、视频等功能,来为师生进一步了解所需信息提供更全面的服务。这种被关注和被尊重必将提高师生的参与度,从而使图书馆微信服务逐渐成为他们日常使用的手机软件之一。

(六)课题专项服务

中学教师每年都会开设一定量的公开课进行研究,而图书馆提供的课题信息一般仅限于学校现存的书籍刊物,有了微信平台,我们就可以随时将在线查找到的相关网络资讯推送给需要的教师,并且推送服务还能做到随时随地,不再受时间和空间的影响,长此以往图书馆的微信服务将会深入人心,从而发挥更多的作用。

三、中学图书馆微信服务的维护

图书馆微信服务的维护从根本上决定了这个服务设置的成败。图书馆向师生推送的信息量少,更新速度慢,对留言信息回复延迟等现象都会造成使用量的降低,久而之这个平台就成了摆设。所以微信服务的维护要从每个专栏着手,由专人维护,做到及时、有效。特别是在线服务的相关人员,一定要保持在线,确保信息的及时沟通和反馈,这样才能真正建立良好的微信用户关系。由此可见,没有扎实的图书馆业务能力和热情的服务意愿是不能承担起图书馆微信服务的新任的。同时,微信是图书馆提供服务的一个新途径,需要整个图书馆团队的共同努力。为此,图书馆要跟上现代化信息交流不断变化的步伐,提升图书馆的整体人员素质,为微信服务的充分开展提供有力的技术支持和业务保障。

四、中学图书馆微信服务的衍生

图书馆馆员可以充分利用微信平台,借助兄弟学校馆员与馆员之间的联系,通过建立"微信群"来帮助需要搜寻信息的师生。同时,进行馆际间的资源共享、互相学习。有了微信,即使距离再遥远,互不认识的用户也能在群里进行合作探讨、共同研究。久而久之,微信服务无形中传播了学校的校园文化。

微信,将使中学图书馆的服务真正走向每个师生。我们要充分利用这个平台,把图书馆的服务当作一个品牌来做。试想"图书馆"这个词语本身就拥有了深刻而丰富的文化内涵,充分利用馆内、馆外的传播途径,让师生共同来参与、互动、共享,从而树立学校图书馆的品牌形象,形成师生对图书馆在精神上的高度认同。相信不久的将来中学图书馆利用微信这个现代信息技术,以优化信息推送方式为师生提供的贴心、便利服务,一定会被大家认可和接受并广泛加以运用的,学校图书馆信息服务的多元化指日可待。

参考文献

［1］何晓兵,孙先艳.图书馆微信服务用户参与的影响因素分析[J].图书馆杂志,2015(6)：17—21.

［2］黄浩波,何卫华,叶青.微信及其在图书馆信息服务中的应用[J].图书馆学刊,2013(1)：62—64.

数字图书馆，图书馆的新尝试

上海市三泉学校　卢小樱

摘　要：阅读是人类特有的文化传播行为。据调查显示，国民阅读率持续走低；学生阅读状况也不容乐观，令人担忧。学校是培养人才的基地。学校图书馆是学生阅读的第二阵地。因此，做好学校阅读文化的创建工作，营造良好的图书馆阅读氛围，吸引学生积极阅读，上海市三泉学校的创新数字图书馆就学生未来阅读进行了新的尝试。

关键词：数字图书馆　阅读文化

当代文化正在变成一种视觉文化，居伊·德波认为我们现在所处的社会是经过图像和景象包装过的社会；鲍德里亚认为现时代是一个拟像和仿像的时代。这些观点不约而同地向我们描述着一个现实——图像时代的到来。在机械复制技术条件下，图像可以轻而易举地复制，特别是以照相机、电影、电视、电脑等当代视觉媒介技术的发展，使得图像数量急剧增加，图像和视像在大众的文化生活中扮演着越来越重要的角色。如何在数字化背景与读图时代的背景下，构建学校阅读文化，是值得学校领导层思考的重要课题。

一、现实意义

上海市三泉学校是一所九年一贯制学校，处于城乡接合部，学生生源并不理想。由于学生与学生之间存在着的差异，受到的重视程度不同而形成的学业居于中等、能力居于中等、阅读水平居于中等的"中等生"，这些学生的潜能远远没能得到发挥，如何提升他们的阅读水平也是学校要思考与研究的课题。

作为现代教育的基本教育观,教育平等已经成为各国教育制度和教育政策的出发点之一。作为社会平等价值在教育领域的延伸与体现,教育平等原则已经成为现代社会民主与文明的重要标志。学生每一方面的发展都值得教师全力维护,对每个层次的学生提供适合于他们的教学,这样才能促进有差异的学生的普遍发展,这才是真正的教学中的平等。

秉承"温和立身,纯净做人"的学校育人理念,我校积极开展教育教学实践,始终将构建与完善学校校园阅读文化作为重要工作,在硬件与软件上加大建设力度,阅读文化特色逐渐明显,学校已经逐步形成了重视、强化阅读教学的氛围,学校乘大修之机,对学校图书馆硬件与软件进行了整体提升,为学生提供了自我展示、自我成长、自我发展的空间。

二、现实条件

学校图书馆总面积有 478 平方米,其中:借书库 124 平方米,阅览室 304 平方米,电子阅览室 50 平方米。专业人员两名,馆龄均 10 年以上,具有图书馆培训合格证书及计算机应用能力证书。馆长具有图书馆中级职称,具有一定的业务水平,被选为中块块长及 2014—2016 年闸北区中小学图书馆中心组成员。

图书馆现有馆藏纸质图书 45 000 余本,电子图书 2 600 余册,电子期刊百余种。图书馆每天借阅人数在百人次左右,占学生总人数的 10% 以上,同时学校开设阅读课,阅读课程安排在课表中,大大提升了阅览室的利用率。

三、数字图书馆的优势

在当今科学技术蓬勃发展的时代,书刊资料迅猛增长。以期刊为例,19 世纪末世界上一共只有期刊 100 多种,到 1960 年约为 10 000 种,而到了 1980 年则增加到 50 000 种。现在,每年又有成百上千种期刊加入这庞大的队伍中来,面对数量如此巨大的图书资料,图书馆的藏书库虽然一扩再扩,却仍然无济于事。

而数字图书馆具有以下优势:1. 购买图书费用降低。2. 存储空间小。3. 数字图书馆可方便快捷获取资料。4. 无时间限制。5. 最大限度利用。

学校有丰富的市区级重点课题的研究经验,学校连续多年被评为区级科研先进学校,学校有一批拥有较强研究经验的教师团队,具备承担统筹开发和实施相应的主(专)题课程的能力。

四、尝试与做法

数字图书馆是把信息以数字化形式加以储存,有费用低、存储空间小、方便快捷等优势,具体实施如下:

首先,学校将利用数字图书馆资源进行主题为"数字背景下构建校园阅读文化策略研究"的思考与探索,探索在数字化背景下提升课堂阅读教学的能力、提升学生自主学习的能力、构建学校良好的校园阅读文化。

其次,学校将进行序列化阅读课程建设,分中小学进行不同程度的阅读课程改革与思考,使学生真正通过数学阅读化教学,提高学生阅读能力、鉴赏水平能力,完成传统与现代的对接,实现阅读文化润泽。

再次,通过研究与课程设置、课程建设、校本教材编制、课题专项研究,成就学校阅读文化建设基石,构建学校良好阅读文化氛围。

2015 年李克强总理在记者会上两次谈到读书,一次是说自己最近还网购了几本书,另一次说书籍和阅读可以说是人类和文明传承的主要载体。就个人的经历来说,闲暇时间阅读是一种享受,可以终身受益。

李克强在报告中指出:"文化是民族的血脉,要培育和践行社会主义核心价值观,加强公民道德和精神文明建设,继续深化文化体制改革,完善文化经济政策,增强文化整体实力和竞争力,促进基本公共文化服务标准化均等化,发展文化艺术、新闻出版、广播电影电视、档案等事业,繁荣发展哲学社会科学,倡导全民阅读。提升文化产业发展水平,培育和规范文化市场。"

阅读危机长此以往会导致民族缺乏文化底蕴和发展潜力,因此必须唤起社会各界对阅读的关注。同时,阅读立法的预案、新课程标准对阅读的新要求催生了各地区对阅读的重视,也促成"让孩子爱上阅读"项目。课题由学校语文教师与拓展课老师共同参与,旨在通过教育理念教学系统设计的方法,指导教师激发学生阅读兴趣,提高阅读能力。

学校将通过调查,了解学校阅读环境建设、师生阅读、各学校阅读活动开展情况等集中存在的问题入手分析,梳理出学校阅读成长过程中,书香校园建设、教师阅读教学和阅读活动开展中可供借鉴的建议。

学校将逐步对传统图书馆进行改良,进行有效的数字化背景下阅读文化创新实验室的构建,从而推动学校阅读实验教学改革,在学校的改革中,学生可以自主选择、自行设计,充分探索和体验创新的乐趣,进而重新对阅读产生兴趣,对经典产生兴趣,点燃其思维火花,创造热情和学习兴趣,这对于走进充满竞争和挑战的 21 世纪的每一个学生来说,意义非常重大。

"科研兴校"和"科研兴教"是当前教育改革和发展的必由之路,是学校生存、发展、壮大的必由之路。深入开展课题研究,走科研兴校之路能使学校始终保持旺盛的生命力,能提高学校办学质量和教育教学品位,切实推动素质教育的发展。

学校将逐步对传统图书馆进行改善,进行有效的数字化背景下阅读文化创新实验室的构建,从而推动学校阅读教学改革,在学校的改革中,学生可以自主选择、自行设计,充分探索和体验创新的乐趣。

研究将具体实施计划制定目标与具体实施办法并规定时间节点,确保课题项目与子项目任务落定到位,确立"数字背景下构建校园阅读文化策略研究"的主题;进行数字化背景下阅读课程资源摸底与调查;实施项目并完成硬件配套建设;进行人员培训、课程设置、统筹安排;进行校本教材实验研究、课程设置实验研究,使研究与实践相结合,在研究中进行不断的实践改革,最终实现目标。

全媒体时代中小学图书馆建设探析

上海市华灵学校　　张翠芝

摘　要：本文通过数据得出全媒体时代是大势所趋，分析了中小学图书馆全媒体建设的不利因素，得出中小学图书馆在全媒体时代的科学定位，并针对实际情况提出切实可行的全媒体建设策略。

关键词：全媒体　中小学　图书馆

《中国图书馆学会"十二五"规划纲要》中提出"大力提高网络环境下各级各类图书馆的数字文化产品供给与服务能力，努力建设资源丰富、技术先进、服务便捷、覆盖全媒体的数字文化服务网络"。通过CNKI高级检索界面输入篇名"全媒体"并且"图书馆"，能检索到159篇论文，由此可见，图书馆业的全媒体建设已经如火如荼。但是，再次通过检索界面输入篇名"全媒体"并且"中小学图书馆"，显示为0条结果，说明目前全媒体建设主要集中在公共图书馆、高校图书馆等一些大型图书馆，中小学图书馆的全媒体建设还没有引起足够的重视。

中小学图书馆是学校的文献资源中心，是学校文化建设和课程资源建设的重要载体，是为教师的教育教学和教科研工作服务、实现教师专业发展的重要基地，是学校开展教育教学活动、促进学生健康、自主、持续发展的重要场所，同时也是社会公共文化服务体系的重要组成部分。中小学图书馆的全媒体建设能够深入挖掘其内涵，大幅提升其功能，全面优化其服务。本文就中小学图书馆在全媒体时代如何准确定位，以及采用怎样的对策谈谈自己的浅见。

一、"全媒体"的内涵和特点

全媒体的概念至今没有被学界正式提出。根据百度全科的解释,"全媒体"指媒体机构及运营商采用文字、图形、图像、动画、网页、声音和视频等多种媒体表现手段(多媒体),通过广播、电视、音像、电影、出版、报纸、杂志、网站等不同媒介形态(业务融合),通过融合的广电网络、电信网络以及互联网络进行传播(三网融合),最终实现为用户提供电视、电脑、手机等多种终端的融合接收(三屏合一),实现任何人、任何时间、任何地点、以任何方式接收任何媒体内容(5W)。有必要强调一下,全媒体是一个相对的概念。因为事物是不断发展变化的,科学技术更是日新月异,全媒体的"全"所囊括的范围也必定会越来越大,越来越"全"。这里使用的"全"并不是一个十分科学的逻辑。

全媒体的特点是:1. "全媒体"传播载体工具多样,传播内容所倚重的各类技术支持平台广泛。2. "全媒体"并不排斥传统媒体的单一表现形式,并视单一形式为"全媒体"中"全"的重要组成。3. "全媒体"的覆盖面最全、技术手段最全、媒介载体最全、受众传播面最全。4. 在以受众需求导向下表现的超细分服务,即针对受众的不同需求类型,选择最适合的媒体形式和渠道,实现最佳效果。

二、全媒体时代,中小学图书馆的科学定位

(一) 问题的提出

2015 年的全国少年儿童数字阅读现状调查显示,70.8％的少年儿童在电脑、手机或电子阅读器上看过新闻,66.7％看过小说、故事,59.1％看过非小说类文学作品,如诗歌、随笔、散文等,50.8％看过漫画,36.6％看过电子杂志。少年儿童认为与传统阅读相比数字阅读的最大优点是"方便快捷"(76.4％),其次是"信息量大"(63.6％);另外,有一半少年儿童认为数字阅读"容易保存"(50.5％),四成多认为数字阅读"资源种类全面"(47.7％)、"费用更低"(45.4％),21.6％的少年儿童认为数字阅读"易于互动",而认为数字阅读"权威性高"的仅 6.3％。可见,少年儿童阅读方式呈现出与成人相似的数字化、多样化、全媒体化的趋势,而且随着三网融合的成效不断显现,"全媒体化"必将成为阅读方式中最突出、最显著的特点。

在大型图书馆热火朝天地进行全媒体建设时,中小学图书馆因为诸多因素还处在观望的状态。首先,中小学图书馆在经济欠发达地区还处于边缘化地位。图书馆只是一个应付检查的摆设,从来没有真正发挥过其教育职能。经济发达地区的中小学图书

馆条件有所改善。其次,学校领导不够重视,对图书馆工作的意义认识不深刻,所有与图书馆相关的建设都排在学科教学之后。还有,目前中小学生的课业负担重,学习压力大,没有足够的课余时间阅读课外书籍。再有,中小学生电脑基础知识和信息素质能力有限。以上特点,构成了中小学图书馆在全媒体建设方面的不利因素,这也正是大部分中小学图书馆认为与全媒体时代"绝缘"的根源所在。但是,通过全国少年儿童数字阅读现状调查,我们可以明显地看到,中小学生"全媒体化"阅读的趋势明显、渴求强烈。因此,中小学图书馆同样面临全媒体时代的机遇和挑战,必须科学定位,采取积极、主动的对策,这样才能避免在全媒体时代的热潮中处于被动、劣势的地位,甚至是被淘汰。

(二)中小学图书馆的科学定位

攻坚克难,循序渐进,打造全方位、立体式服务。诚然,中小学图书馆在全媒体建设方面困难重重,但又是大势所趋,我们只能攻坚克难,勇往直前。同时,中小学图书馆所处的境地和有限的投入决定了我们只能一步一步地往前走,循序渐进地搞全媒体建设,从投入小、简单易用、效果好的先搞起来,逐步地打造出全方位、立体化的服务,真正成为广大师生汲取知识、开阔视野的第二课堂。

三、全媒体时代,中小学图书馆的对策建议

(一)制定"全媒体化"制度

制度是一种保障。同把全媒体建设写入《中国图书馆学会"十二五"规划纲要》一样,把中小学图书馆的全媒体建设也写入《中小学图书馆(室)规程》,把全媒体建设纳入《中小学图书馆检查评估标准》,这样无论是对学校领导,还是图书馆管理员来说都是一种压力和督促手段,以引起足够的重视,不再让中小学图书馆的全媒体建设只是处于旁观和张望的状况。

(二)建设"全媒体化"资源

根据前面提及的百度全科对"全媒体"的解释,"全媒体化"资源可以有文字、图形、图像、动画、网页、声音和视频等多种表现形态。而被认为是开创了中国全媒体出版先河的冯小刚的首部长篇小说《非诚勿扰》,采用了纸质图书、互联网、手持阅读器(电子书)、手机和贺岁电影的五路传播格局。这正是对图书馆"全媒体化"资源建设方向的一个重要启示与引领。对于中小学图书馆而言,应该多采购一些像动画、视频之类受中小

学生喜欢和追捧的文献资源,吸引更多的读者来图书馆。

(三) 引进"全媒体化"设备

全媒体的特点之一就是传播载体工具多样,与之相应,手机、互联网、电视、LED 显示屏、手持阅读器等都是"全媒体化"设备的组成部分。对于中小学图书馆而言,有两个工作重点。一是尽快建成全媒体阅览室。目前比较先进的中小学图书馆都备有电子阅览室或者是同学校的电脑房互用。这无疑为建设全媒体阅览室打下了坚实的根基,在此基础上,尽可能全面地加入各种阅读设备,打造便捷、实用、高科技的立体式阅览空间。二是建好 LED 显示屏之类兼有宣传报道功能的媒体阅读。丰富的馆藏资源,多样化的阅读设备,只有将读者"引诱"到图书馆才有意义。只要读者走进图书馆,便"一切皆有可能"。

(四) 做好"全媒体化"服务

服务是图书馆一切工作的出发点和归宿。做好"全媒体化"服务,是全媒体建设的最重要环节,也是终极目的。对于中小学图书馆而言,需要重点指出的是有关全媒体的导读服务。中小学生尤其是小学生信息技术能力十分有限,对于"全媒体化"资源没有概念,对于"全媒体化"设备不会使用。导读工作中加入有关"全媒体化"资源的介绍和"全媒体化"设备的操作方法,可以快捷而有效地让学生掌握各种媒体的阅读。中小学生课业负担重,到馆率低,没有时间来图书馆,导读工作更要做细做好,让他们知道图书馆为他们准备了饕餮盛宴,无论在图书馆室内还是室外,无论在学校还是家里,都可以随时随地进行全方位阅读。

(五) 加强"全媒体化"学习

全媒体建设需要人才支持。中小学图书馆往往只有一两个人,这就要求每个图书馆管理员都是一个"全才"。我们不仅需要熟练掌握全媒体编目规范,还需要精通全媒体设备的维护与保养,熟悉全媒体设备的使用与功能等。

图书馆的全媒体时代势不可挡。中小学图书馆只要顺应时代发展、科学定位,并采取积极有效的对策,就一定能取得喜人的建设成果,从而为培养高素质的下一代发挥更大作用。

第八篇　资　源　建　设

中小学图书馆纸质图书采选工作浅析

上海市华灵学校　张翠芝

摘　要：中小学图书馆纸质图书采选工作是保证优质馆藏最基础、最首要的工作。目前纸质图书采选工作面临着中小学生身心发展具有特殊性、图书采购经费有限、图书采购形式单一、出版种类繁多、图书馆人员有限五个问题。针对问题，结合中小学图书馆现实情况提出图书采选原则，并结合本馆实际给出具体举措。

关键词：中小学　图书馆　图书　采选

中小学图书馆是中小学校的有机组成部分，是学校教育和教学必不可少的条件，对促进学生健康、自主、持续发展有极其重要的作用。中小学时期是阅读习惯养成和兴趣培养的关键期，中小学图书馆无疑是最贴近学生、使用最便捷的阅读圣地。纸质图书相对电子图书来说是最传统、最基本的阅读载体，更是受到了年龄较小的中小学生的青睐。中小学图书馆的纸质图书馆藏规模和质量直接影响了中小学生到馆率，进一步影响中小学生阅读兴趣的培养和阅读习惯的养成，更深地影响中小学生的全面发展和健康成长。纸质图书的采选工作是图书馆保证优质馆藏的基础、首要的工作，本文结合上海市华灵学校图书馆实际谈谈中小学图书馆纸质图书采选工作遇到的问题，并针对现实情况提出具体举措。

一、中小学图书馆纸质图书采选工作遇到的问题

（一）中小学生身心发展具有特殊性

中国作家莫言在广州中山大学演讲时，有人问他："我是一个中学生，现在老师推荐

看您的作品,但是我发现一个问题,您的书中有一些描写性行为的部分,我不知道这些内容适不适合中学生看?"莫言的回答则是:"不要听你老师的,不要读我的书。可以读一些写母亲的,写乡村风景的,等你长大结婚后再来读我的小说。"的确,一些公认的好书并不一定适合中小学生阅读。这是因为中小学生身心发展具有特殊性。中小学生在身体外形、学习心理、情感体验、意志品格、思维品质、自我评价、生活经验、独立意识等很多方面都处在一个由弱到强、由不成熟到成熟的发育和发展期。由此决定了中小学图书馆图书的采选也必须符合其特点,不能把成人认为好的书不加鉴别"一锅煮"地端给中小学生。

(二)图书采购经费有限

《上海市普通中小学图书馆规程》中规定:"教育管理部门、学校应切实保证并逐年增加中小学图书馆文献资源(包括数字资源)的购置和利用服务经费。"实际操作中,我馆图书经费的计算都依据《上海市普通小学、初级中学生均公用经费标准》中规定的中学图书资料经费 45 元/人×在校学生数,小学图书资料经费 40 元/人×在校学生数。这里的图书经费使用包括购买纸质图书和电子图书。以我馆为例,最近几年,我校小学生在校人数 500 左右,中学生在校人数 300 左右,图书经费共计 $45×300+40×500=33\,500$ 元,除去 3 500 元电子图书,剩下纸质图书经费 30 000 元。现在的一套图书价格动辄四五十元,甚至上百元。30 000 元的经费一般只能采购 1 300 至 1 500 本书。

(三)图书采购形式单一

我馆纸质图书的采购目前只局限于实体书店。教育局每年会指定几个书商,由馆长自行决定去哪里采购和采购量。其中绝大部分以现采为主,只有极少数教师或学生建议购买的图书由图书馆把目录提供给书商,书商如果没有此书,会帮忙联系出版社购买。一方面,这样的书数量极其有限,另一方面,这样的书里有一部分即使书商联系出版社也买不到。如去年老师强烈建议购买《牛津树》,然而我从书商处没找到,书商最终也没帮我订到,眼看着当当网上的书,就是不能购买,因为从网上买的书不能算在图书经费里。

(四)出版种类繁多

2016 年我国新书品种数是 21.03 万种,2017 年 1~6 月新书品种数是 9.89 万种,品种规模同比增长 8.15%，从细分品类来看，少儿、文学市场保持快速增长。仅从新书的少儿类中选择 1 000 多本优质书都是个艰难的工作，现把新书范围扩大为新旧共存，把少儿类扩大为所有类，可想而知，采选难度要指数级上升了。

（五）图书馆人员有限

《上海市普通中小学图书馆规程》中规定："中小学图书馆工作人员的编制在学校教职工编制总数内合理确定，应基本满足教育教学工作和服务师生的需求。"目前，上海市大多数中学图书馆是 2~3 人，小学图书馆是 1~2 人，有的图书馆员还是由教师兼职，教师常常把主要精力放在教学上。图书馆员面对着图书借还、报刊上架、二次文献、阅读推广等一系列工作，真正花在图书采选上的时间很少，现采时就只能依靠书商的推荐了。

二、中小学图书馆纸质图书采选工作原则

面对纸质图书采选工作中的问题，结合中小学图书馆的实际情况，提出图书采选原则：1. 针对性。采选的图书一定要符合中小学生身心发展特点，紧紧围绕中小学生需求。2. 教育性。采选的图书要有意义、内涵、积极向上，有助于培养中小学生良好的品德和健全的人格。3. 合理性。采选的图书既要各类都顾及又要有所侧重，以满足读者阅读的多元性。4. 优质性。采选的图书要是同类作品中最权威、最有可读性、最具影响、最受欢迎的书，以保证有限的图书经费获得最大效益。

三、提高中小学图书馆纸质图书采选质量的具体举措

准确把握上述四个原则，致力于解决采选工作中遇到的问题或者把影响降到最低，提高采选质量，本文结合自己工作实际提出以下几项具体举措：

（一）加强业务学习，提高采选能力

如果一个中小学图书馆馆员罗列不出一些著名的少年儿童作品出版社，说不出几位知名的儿童作家，那他的采选能力绝对不合格。图书馆馆员的采选能力直接决定了图书的采选质量，只有通过不断学习专业知识、大量地阅读儿童文学作品、细致地观察中小学生借阅偏好、认真地统计分析图书流通数据、特别地关注各种书评、全面地熟悉各书商的情况等一系列"信息储备"才能做到采选时"胸有成竹"，不至于在茫茫书海中

"不知所措",将有限的图书经费充分发挥作用。

(二) 全面衡量各书商,合理分配经费使用

目前虽然我们只能从教育局指定的书商处采选图书,但是书商也是各有所长,各有所短。如上海书城的书相比其他几个书商来说种类最齐全,类别放置也最有序,按类挑选起来最方便,但是上海书城的图书折扣率比其他几个书商高出 5%。上海米阳图书有限公司总量比上海书城少,但绘本品种很多,同样选绘本在这里就会比上海书城更优惠。上海钟书实业有限公司图书品种数相比前两者居中,但图书馆指定购买的书他们通过出版社购买到的概率最高。总之,各个书商在价格折扣率、品种数、图书排放等方面各有优劣,需要图书采选人员的全面考量、科学配置经费,使经费效益最大化。

(三) 重视采选前的"访",打好采选准备仗

我们通常说的图书"采访"中的"访"指的是图书采选前的访问和调研,是图书采选的准备工作。做好"访",再根据所得信息去进行采选,才能最终购买到合适的、有教育意义的、合理的、优质的图书。正如我国著名图书馆学家黄宗忠教授所说:"一个图书馆没有文献采访,其他工作无从谈起。有了文献采访,才有文献分类编目、流通阅读、参考咨询、情报服务等科研服务。"可见"访"绝对不能省略或轻视。

做好"访",可以通过多种形式。第一,收集全校学生的采书建议。读者建议的书百分百是读者需要的。收集建议有很多方式,比如在图书馆明显区域放置读者建议购书簿,安放意见箱,图书馆主页上设置读者荐书专栏等;第二,要注重与教师交流沟通,掌握教师希望学生读什么书。教师比图书馆员更了解学生,能结合学生年龄特征、身心特点和学业情况推荐更实用、更受欢迎的图书;第三,充分利用图书管理系统的数据剖析各类图书的利用率和读者的阅读兴趣,选书时以此为依据有所侧重;第四,更多地浏览有关儿童作品的各种书单及书评。如每年发布的上海市中小学幼儿园图书馆(室)图书配置推荐目录、国家新闻出版广电总局每年向全国青少年推荐的百种优秀图书活动书目等;第五,留意京东、当当、99 书城、卓越亚马逊等专门的网上书店的图书热销榜;第六,关注儿童作品中获奖的图书。国际奖项是安徒生国际儿童文学奖、凯迪克图画书奖和纽伯瑞儿童文学奖等。国内的主要奖项是全国优秀儿童文学奖。

（四）加强宣传报道，提升读者参与度

图书馆一切工作都要以"读者"为中心，脱离读者的图书馆只会门可罗雀，最终成为学校应付检查的一个摆设。图书采选有读者的参与也非常必要，想要读者以更大的热情投入图书馆文献资源建设，就要做好宣传动员，鼓励他们多提采选意见，宣扬对他们带来的益处。平时可以利用新生入馆教育、阅读指导课等做好集体宣传，也可以运用图书馆宣传栏和电子屏幕进行宣讲，提升读者的主人翁意识。

（五）调动多方力量，建立采选团队

鉴于目前图书馆人员编制太少的问题，成立采选团队是最有效的解决办法。《上海市普通中小学图书馆规程》规定："中小学图书馆在进行文献资源集中采购时，应通过由校长、学科教师、图书馆专业人员、家长委员会和学生等代表组成的评选机制，并按照政府的有关规定规范采购。"图书馆员要负责把这些人组织起来，调动其积极性，利用团队的力量，各取所长，集多方智慧，为保障图书采选品质奠定人员基础。

纸质图书馆藏是中小学图书馆的物质基础，是图书馆的"血液"。采选工作是搞好馆藏的第一步，是"输血"的过程。只有不断地为图书馆注入合适又合理、有趣又有用的新鲜"血液"，才能强烈地吸引中小学生来图书馆汲取其"营养"，让图书馆真正成为学生开阔视野、增长见识、全面发展的第二课堂。

参考文献

［1］上海市普通中小学图书馆规程(2016年修订)［Z］.［2016-09-08］.

［2］莫言中山大学演讲：不建议中小学生读我的书［EB/OL］.［2014-11-30］.http://news.sohu.com/20141130/n406515465.shtml.

［3］开卷发布2017年上半年全国图书零售市场分析报告［EB/OL］.［2017-08-29］.http://www.cptoday.cn/news/detail/4122.

［4］席翠萍.政府招标环境下书目选书如何保证图书采访质量［J］.科技与创新,2017,(14)：84—85,88.

［5］简健萍.阅读,在"浸泡"中精彩纷呈［J］.福建教育,2017,(3)：63—65.

［6］谢斯萍.对中学图书馆图书采访工作的思考［J］.中国现代教育装备,2016,(7)：22—23.

［7］郑君慧.科研图书馆的选书原则探讨［J］.图书馆工作,1992,(1)：15—16,18.

［8］刘西义."互联网＋"环境下读者参与选书模式微探——以长沙市图书馆为例［J］.图书馆,2016,(9)：109—111.

论期刊杂志订阅工作

上海市市北职业高级中学　陆　怡

摘　要： 期刊具有出版周期短、形式灵活、信息量大、报道及时、内容新颖、传播速度快、学科覆盖广等特点，尤受职校生的喜欢。文章基于中职校的性质、学生的特点、图书馆的状况与问题等，分别研究了提升中职校图书馆期刊质量与利用效率的思路。

关键词： 职业高中　图书馆　期刊订阅

21世纪是个终身学习的时代，图书馆由于服务对象的可塑性，在培养人的终生学习意识方面起着举足轻重的作用。因此，如何将学生吸引到图书馆，让学生热爱图书馆，使之把利用图书馆作为一种自发行为，把图书馆作为发现问题、解决问题的场所，成了我们对图书馆提出的新要求。为此，图书馆要扩大和师生的交流面，使图书馆真正成为学生的第二课堂。图书馆内资料文献有多种形式，其中期刊是一种连续出版物，具有出版周期短、形式灵活、信息量大、读者广泛、报道及时、内容新颖传播速度快、学科覆盖广等特点。在中小学图书馆中，占有重要的地位，已成为师生获取信息情报的重要来源，它是图书馆为读者提供信息资源的物质基础。可专题报道服务于教学科研，我们职校生喜欢期刊比书籍更多些，每年我馆都要订一百多种杂志，征订的质量好坏直接影响到借阅率的高低。我馆对期刊的订阅有两种形式，一种是纸质的期刊，另一种是电子期刊。

一、纸质期刊

（一）学生的研究

纸质期刊主要的利用群是学生，多数学生进来时，无法形成良好的自我认同感，对所学的专业学习也缺乏兴趣，主观上没有明确的目标与理想，所以休闲娱乐类的期刊更适合学生阅读需求，成为他们的阅读热刊。漫画类，幽默类，时尚类的杂志更受学生青睐。

(二) 图书馆工作人员本身的问题

而一般中职校图书馆工作存在一个常见的误区：过于注重事务性工作，缺乏对于这些工作理论上的总结。这样，图书馆工作就会缺乏创新，只能停留在日常工作水平上，只限于简单机械的重复性工作，很少去思考，容易造成每年订购的杂志没有变化，有的杂志深受学生喜爱，但有的杂志缺乏读者认同，无人翻阅。长此以往，图书馆内的读者数量会逐渐减少，将会没有发展和生存的希望。

(三) 解决这一问题的方法

我们职业学校专业广泛，有烹饪、城轨、旅游、物流等，征订的期刊就要求五花八门的品种，可这些专业怎么才能结合到学生生活中，怎么才能让学生学会利用这些切合他们专业的期刊，这就要我们图书馆工作人员想办法解决。为此，我们要提高自身专业程度的认识，提高自身的业务能力和自身的素质休养，并且具有良好的性格才能够在很大程度上帮助到学生和师生。此外，图书馆工作人员应该积极与学生沟通，利用开馆期间多去接触一些爱好读书的学生，调查他们喜欢哪类杂志，喜欢的理由是哪些，又有哪些是可以推荐订阅的。针对部分喜爱看书，却性格内向，不愿意多和老师交谈的学生，可以通过意见本、意见箱或是问卷形式来向这类群体征询答案。图书馆工作人员的精力也有限，不可能天天扑在学生本人的调查活动中，所以图书馆也可以开展一些时段性活动，如给喜欢的杂志点个赞，把杂志名字打印成表，让学生在喜欢的杂志后敲上专用小章，一个月后，通过小章的数量就能明白学生的阅览取向了。图书馆每年为新书做介绍工作的同时，也可为一些新的期刊进行宣作，如做些关于新期刊的内容介绍及图片展示等，让学生了解图书馆的期刊也在不断更新，让广大师生看到图书馆的服务工作也是在不断提升的。最后还可以通过每年的图情课就不同专业的学生介绍适合他们的专业期刊，这些期刊不是高深研究的学术型杂志，而是一些能让学生有学习兴趣的专业期刊，如为烹饪专业的学生推荐《贝太厨房》，其内容丰富、图文精美，有关于西餐及中餐的制作，还有对调料的研究等，使符合其专业的学生在实操时能更好地运用这些知识和常识。

图书馆只有不断完善馆藏资料的多样性,主动积极地打开思路,创新服务思想,才能把这些纸质的期刊有效的利用起来,让这些专业期刊不仅是老师科研教学的好帮手,也应该成为学生专业学习的好导师。

二、电子期刊

随着信息技术和网络技术的广泛应用,馆藏资源正向着信息化和数字化的方向发展,与传统的纸质期刊相比,电子期刊作为电子出版物的一种,以其容量大、时效高、检索快、内容广、多链接等特点,越来越受到读者的认同。电子期刊为职校教学和科研工作提供了有力的信息资源补充,同时推动了职校图书馆数字化建设的步伐。

(一) 电子期刊在我馆的阅读群体是以教师为主

我馆订阅电子期刊 100 余种,但是在学生层面并没有我们想象中那么受欢迎,这可能与电子读物阅读不便,对视力影响较大有关,还与电子读物的订阅品种有关。有许多电子期刊品种由于和纸质期刊有冲突,相比之下学生更青睐纸质期刊,他们喜欢一页一页翻阅的实质感,也享受能同其他学生一起讨论的轻松感。而教师偏爱电子期刊因其为教师科研、写论文、备课找资料提供便利的查找和下载相关。

(二) 图书馆对电子期刊的管理不足之处

虽然这几年对图书馆的建设力度加强了,配备了自动化辅助设备,设立了电子阅览室,购买了电子图书与电子期刊,然而面对拥有相当高的社会化网络阅读习惯的教师和学生群体,目前的服务是无法满足用户高需求的,而且由于图书馆内的网速不快,无法同时打开多个网页,或是打开页面很慢,导致跟不上看纸质期刊的速度,所以学生不愿意来看。另外,学术研究性的杂志较多,而学生对这些杂志的兴趣度却基本没有。还有就是杂志的品种不够丰富,给学生的选择余地太小了。

(三) 今后的管理模式与努力方向

改变电子期刊征订模式,首先要听取学校各个学科带头人的意见,因为他们有着丰富的教学经验,也常常发表学术论文,并在各自的专业领域里有着有一定的权威性。让他们为学校挑选一些符合学校专业特色的电子期刊,让学校的馆藏结构更完善、更合理,特色更鲜明。其次要提高图书馆人员的信息处理技术,在网络环境下的图书馆管理人员不再是被动的服务和简单的文献保存与传递,而成为信息资源的管理者、教育者、信息的导航员,所以应该以人为本,了解关心读者对电子期刊的阅读取向,并在管理过程中通过观察和咨询去了解学生对电子期刊馆藏的满意度,还要向学生推荐一些对他们学习有帮助的电子期刊,从而最大限度地发挥馆内电子期刊的利用率。再次要不断地提升馆内网络设备和硬件设施,并且有专人负责维护,打造一个设置合理的,实用性强又富有学校特色的电子期刊网,让师生均能更快更方便地寻找到自己想要的文章进行下载,这样才能充分地利用馆内电子期刊。

三、结语

期刊是馆藏图书资料的重要组成部分,我们将在今后的工作中不断地探索,不断地努力,围绕教学、科研和学科建设,抓好图书馆期刊建设,发挥网络优势,保障学校师生能方便快捷地获取所需资源。

附：

2014—2015 年度上海市中小学图书馆
工作研究论文评选活动获奖名单

一等奖

开放·多元·融合：中小学图书馆未来发展的应然选择——学习《关于加强新时期中小学图书馆建设与应用工作的意见》的几点思考

上海市静安区教育学院　吴　玥

培养信息意识　提升综合素养——我校开设"文献资料的检索与利用"选修课的实践探究

上海市市北中学　杜亚群

二等奖

发挥图书馆在低年级学生绘本阅读中的作用

上海市静安区永兴路第二小学　马　健

浅谈中学图书馆的微信服务

上海市新中高级中学　陈　静

三等奖

小学低年级学生情景阅览探索

上海市静安区中山北路小学　汪海芸

中学生阅读心理与需求的调查分析

上海市向东中学　沈　静

2014—2015 年度静安区中小学图书馆工作研究论文评选活动获奖名单

一等奖

让纸质书籍重归校园

上海市闸北田家炳小学　孙瑾

书香校园建设的研究与实践——基于学校定位与多元化背景的教育需求

上海市大宁国际小学　盛孝萍　陆琴

二等奖

优化读者服务——让学生更添学习活力

上海市青云中学　杨妹妹

重视校园阅读，提升校园文化品位

上海外国语大学苏河湾实验中学　陈燕芳

学生阅读兴趣的培养

上海市塘沽学校　何爱华

打造书香校园，创建走廊图书馆

上海棋院实验小学　熊雁冰

三等奖

论期刊杂志订阅工作

上海市市北职业高级中学　陆　怡

营造温馨和谐的中学图书馆

上海市新中初级中学　谭建芬

图书馆是学生的精神家园

上海市青云中学　安　敏

全媒体时代中小学图书馆建设探析

上海市华灵学校　张翠芝

数字图书馆，图书馆的新尝试

上海市三泉学校　卢小樱

图书馆阅读推广手段探析

上海市朝阳中学　戴荣珍

2016—2017 年度上海市中小学图书馆工作研究论文评选活动获奖名单

一等奖

试论学校图书馆的布局创新——以上海市市西中学图书馆为例

上海市市西中学　周　瑾

全民阅读视阈下的中小学阅读推广研究

上海市静安区教育学院　吴　玥

二等奖

论亲子阅读与心理健康教育

上海市静安区中山北路小学　汪海芸

借鉴书院制度　积淀文化底蕴——市北中学深化图书馆服务初探

上海市市北中学　杜亚群

三等奖

阅读点亮童年——小学生课外阅读的探究

上海市第一师范学校附属小学　姜　敏

学校图书馆如何利用阅读课引导学生发展

上海市市北初级中学　于　璐

从中小学图书馆图书逾期情况看师生逾期行为的差异

上海市育才中学　祁文瑜

静安区中小学图书馆的现状与思考

上海市静安区教育学院　黄　宁

2016—2017 年度静安区中小学图书馆工作研究论文评选活动获奖名单

一等奖

发挥图书馆在学校社团活动中的作用

上海市静安区永兴路第二小学　马　健

微笑引领阅读

上海市大宁国际小学　陆　琴

关于小学图书馆与学生阅读兴趣的思考

上海市静安区威海路第三小学　桑燕敏

小学图书馆建设新探

上海市闸北成功教育实验小学　姚怀红

二等奖

小学图书馆在拓展课课程实施中的利用现状及作用

上海市民办扬波外国语小学　张忆明

中小学图书馆纸质图书采选工作浅析

上海市华灵学校　张翠芝

浅谈提高少年儿童"图书馆意识"的必要性与可行性

上海市静安区中兴路小学　陈　伟

让图书馆成为师生的乐园

上海市华东模范中学　马燕飞

新形势下中小学图书馆资源建设和服务方式转型的再思考

上海市市西初级中学　宋沛忆